Erich Mühsam

Schriften der

Erich-Mühsam-Gesellschaft

Heft 37

Bedingungsloses Grundeinkommen –

Existenzminimum – Kulturminimum – wozu?

EMG 2011

Gefördert durch die Hansestadt Lübeck (Bereich Kultur) und das Land Schleswig-Holstein.

Herausgeberin: Erich-Mühsam-Gesellschaft e. V., Lübeck
Redaktion: Jürgen-Wolfgang Goette, Sabine Kruse
© :   Erich-Mühsam-Gesellschaft 2011;
                    für die einzelnen Beiträge bei den Autoren und Autorinnen
Textverarbeitung: Gerda Vorkamp, Lübeck
Herstellung: Books on Demand GmbH, Norderstedt
ISSN: 0940-8975
ISBN: 978-3-931079-46-8
Preis: 7,50 €

Informationen: Erich-Mühsam-Gesellschaft, Buddenbrookhaus,
                    Mengstr. 4, 23552 Lübeck
                    E-Mail: info@buddenbrookhaus.de
                    www.erich-muehsam-gesellschaft.de

Inhaltsverzeichnis

Vorbemerkung

> „Was nützt mir die Glocke, die Freiheit verheißt –
> und Unterwürfigkeit läutet!"
>
> aus: Erich Mühsam, Der arme Teufel

Das Thema der 22. Jahrestagung der Erich-Mühsam-Gesellschaft bewegte sich zwischen den Polen „Existenzsicherung" und „Teilhabe für alle am gesellschaftlichen Leben?" Diese Frage ist gerade wieder hochaktuell, allerdings nicht neu. Wir finden beispielsweise Gedanken zum bedingungslosen Grundeinkommen (BGE) bereits im 18. Jahrhundert bei Thomas Paine (1737–1809) und noch radikaler bei Thomas Spence (1750–1840). Bei Paine lesen wir, dass die Armut eine „Errungenschaft" der Zivilisation sei, also die andere Seite der Medaille „Wohlstand".

So wie die Idee vom herrschaftsfreien Leben und die Verurteilung oder Bejahung herrschaftlicher Gewalt durch Künstler/innen die Menschen seit Jahrhunderten (Jahrtausenden?) beschäftigt, so auch die Forderung nach menschenwürdiger Existenz bzw. minimaler Überlebenshilfe. Dabei geht es immer um die grundsätzliche Frage nach dem gesellschaftlichen Miteinander, um das Thema Freiheit, Freiheit wovon und wozu. Das Thema wurde aus verschiedenen Perspektiven betrachtet, aus der karitativen, der pragmatischen, der philosophischen und der sozialpolitischen.

Erich Mühsams Essay *Der fünfte Stand* vertritt den sozialpolitischen Standpunkt. Er, Mühsam, beschreibt darin seinen – vergeblichen – Versuch, das sogenannte Lumpenproletariat für den Sozialismus zu gewinnen. Wolfgang Kröske macht das Auditorium mit Silvio Gesell bekannt und erläutert dessen Gedankenwelt der Freiwirtschaft und des Freigeldes. Therese Chromik stellt Franziska zu Reventlows Roman *Der Geldkomplex* vor, in dem die Autorin ihr personifiziertes Verhältnis zum Geld beschreibt und gleichzeitig über die als Allheilmittel angesehene Psychoanalyse spottet. Christoph Schwager wirbt für ein bedingungsloses Grundeinkommen (BGE), weil das **Verdienen** des Existenzminimums gegen die Menschenwürde verstoße. Er zeigt mit handfesten Argumenten auf, dass dessen Finanzierbarkeit eine Frage des politischen Willens ist. Für Bernhard H. F. Taureck steht im Mittelpunkt seiner Erörterung die soziale Gleichheit, die am ehesten durch ein BGE erreicht werden kann. Es sei zwar ein Weg, der mit Schwierigkeiten beginne. Der alternative Weg entferne sich aber in jedem Falle von der Demokratie. Anstelle des nicht gehaltenen Vortrags von Klaus Störch geben wir ein Interview der *jungen Welt* mit ihm wieder, in welchem er darstellt, dass ein Kulturminimum ebenso lebenswichtig ist wie ein Existenzminimum.

Lübeck, im Oktober 2011

Jürgen-Wolfgang Goette
Sabine Kruse

Erich Mühsam

Der fünfte Stand

Ich habe seinerzeit in diesen Blättern auseinandergesetzt, wie die Sozialdemokratie in ihrem Ehrgeiz, im Gegenwartsstaat mitzutun, als Rad in der Maschine anerkannt zu werden und den Interessen der Arbeiter zu nützen, indem sie sie aus Proletariern zu Kleinkapitalisten zu machen sucht, wie sie in diesem Bestreben den „vierten Stand" nach unten hin begrenzt hat, und wie sie diejenigen Elemente der Gesellschaft, deren Wesensart sich in das Gefüge des Staatsbetriebes nicht einordnen läßt, verächtlich als „Lumpenproletariat" erledigt. Ich habe auf die Möglichkeiten hingewiesen, diese Elemente aus ihrer menschlichen Verlassenheit aufzuwecken und ihrer traurigen Leere durch die Bezeigung menschlicher Achtung und durch die Zuführung freiheitlicher Ideen Inhalt zu geben. Ich habe dargetan, wie gerade der Sozialistische Bund diese Menschen, die keine kapitalistische Arbeit aufzugeben haben, um Kulturarbeit leisten zu können, brauchen könnte, wenn sie die neuen Gedanken erst in sich aufgenommen hätten, und ich habe erzählt, wie ich begann, das Wort der unerzwungenen freudigen Arbeit, der gegenseitigen Hilfe, der Gemeinsamkeit und des Sozialismus in ihre Herzen zu führen.

Daß der Gedanke, von dem ich mich leiten ließ, richtig war, davon bin ich heute noch so fest überzeugt wie am Anfang. Ich glaube heute noch so fest wie ehedem, dass in vielen dieser „Lumpen" Fähigkeit und Bereitschaft genug ist, Ideale aufzunehmen und ihnen zu dienen. Wenn der Erfolg meines Wirkens jetzt einem Fiasko gleicht, beweist das nichts gegen die Richtigkeit der Überlegung, dass die Menschen des fünften Standes auch Menschen sind, deren menschliche Kräfte, geeignet verwertet, Nützliches und Gutes wirken können. Das Fiasko verurteilt nur meine Taktik. So, wie ich heute das Ergebnis meiner Vagabunden-Agitation übersehe, glaube ich, dass mein größter Fehler in dem Mangel an Unterscheidung zwischen dem Charakter, dem Alter, der Erfahrung und der Intelligenz meiner Zuhörer bestand.

Ich hatte von Anfang an keinen Zweifel, dass sich zu meinen Vorträgen auch Leute einfinden würden, die ohne Gewissen und Bedenken ihren persönlichen Augenblicksvorteil verfolgten. Ich war darauf gefaßt, vor unverhältnismäßig vielen Spitzeln zu sprechen, und wußte, dass vielleicht die Mehrzahl unsrer Gäste gegen ein kleines Trinkgeld zum Judas an uns allen zu werden bereit sei. Ich hätte mich auch keinen Moment gewundert, wenn einmal einem der Anwesenden die Uhr oder das Portemonnaie aus der Tasche gezogen worden wäre, und ich habe manchmal im stillen gelacht, wenn ich merkte, dass dieser oder jener nur zu uns kam, weil er meinte, er werde wohl ein Abendbrot oder einen Schoppen Bier geliefert bekommen.

Diese Bedenken – und noch viel schlimmere – erwiesen sich als sehr begründet. Trotzdem erkläre ich noch jetzt und mit allem Nachdruck, dass auch Männer darunter waren, die mit offnen Augen und Ohren dasaßen, die durch das Neue, was sie erfuhren, bereichert wurden, deren Sehnsucht Nahrung erhielt und die freudig und mutig in unsre Bahnen einbogen.

Hätte der liebe Gott die Welt so eingerichtet, dass die Erfahrungen vor den Aktionen da wären, so hätte ich nach den ersten zwei Zusammenkünften drei oder vier der Leute ausgewählt und hätte sie in besonderen Vorträgen in die Absichten des Sozialistischen Bundes näher eingeführt. Die übrigen hätte ich vielleicht zu verschiedenen Kursen in den Anfangsgründen des elementaren Wissens gesammelt, und diejenigen, die sich als geistig aufnahmeunfähig erwiesen, hätte ich ganz ferngehalten. Leider kam mir die Erfahrung, dass ich so hätte verfahren müssen, erst zu spät, erst als die Unterlassung zum Scheitern meines Vorhabens geführt hatte.

Ich gab mich dem Wahn hin, ich dürfe, unter Berücksichtigung ausschließlich des Fassungsvermögens der Reifsten unter den Leuten, von Woche zu Woche fortfahren, die Zwölf Artikel des S. B. zu kommentieren. Ein Mittel zu prüfen, wie weit das, was ich vortrug, verstanden wurde, wußte ich nicht. So kam es, dass ich von der Mehrzahl der Hörer in allen Punkten vollständig mißverstanden wurde. Wenn ich ihnen sagte, dass ich ihre Existenz, so wie sie sei, als Produkt der bestehenden Wirtschaftsführung anerkenne, dass sie Opfer der Staatsordnung seien und dass der Begriff „Verbrechen" ein schwererer Vorwurf gegen die Gesellschaft sei, die sie ermögliche, als gegen die Menschen, die zu ihrer Begehung gezwungen werden, so wurde das als eine Aufforderung, möglichst viele Verbrechen zu begehen, aufgefaßt. Sprach ich davon, dass sich das Gefühl der Zusammengehörigkeit schon in der Betätigung kleiner Gefälligkeiten, Abgeben von Brot und Geld an die Kameraden, gegenseitige Handreichungen bei irgendeiner Beschäftigung und dergleichen erweise, so hieß es später, ich habe geraten, keine Einzeldiebstähle, sondern Banden-Einbrüche vorzunehmen. Ermahnte ich, man solle die eigene Person nicht niedrig einschätzen, man solle Menschenbewußtsein haben und sich nicht in seiner äußerlichen Armseligkeit ducken und verächtlich vorkommen, so hatte ich nachher zum Morden, Brandstiften, Stehlen und Rauben „gutes Gewissen" gemacht. Dieses Falschverstehen, das durch die Unterhaltungen nach den Vorträgen von einem zum andern suggeriert worden zu sein scheint, beschränkte sich bezeichnenderweise auf die ganz jungen Leute, die kamen.

Ich kann jetzt – nach Kenntnis eines großen Teils der Aussagen, die die jungen Burschen vor dem Untersuchungsrichter abgaben – ganz typische Wiederholungen von Phantasie-Assoziationen feststellen. Da ich es für richtig hielt, den

Menschen einen festen Begriff zu geben, mit dem sie sich in ihren neuen Bestrebungen bezeichnen könnten, nannte ich uns oft mit dem Namen „Anarchisten", wobei ich „Anarchie" in Übereinstimmung mit den Zwölf Artikeln als „Ordnung durch Bünde der Freiwilligkeit" definierte und das Wort oft und ausführlich ausdeutete. Das half gar nichts: die Assoziation: Anarchisten-Bomben saß zu fest, und so wurde dem Richter erzählt, ich hätte von Dynamit und Attentaten, Höllenmaschinen und ähnlichen Dingen gefaselt. Alle diese Sachen sind, soweit ich mich erinnere, während aller Versammlungen überhaupt nicht gestreift worden.

Ferner fiel mir auf, dass diese jungen Leute offenbar darauf bedacht waren, mich vor dem Richter zu belasten. Es schien mir, als ob sie hofften, dadurch sich selbst beliebt zu machen, und besonders bemerkenswert kam mir vor, wieviel mehr die renommistischen Redensarten eines schwer psychopathischen Phantasten, der über mich, meine Freunde, die Vorträge und Zusammenkünfte das Blaue vom Himmel log, auf seine Altersgenossen wirkten als meine Darlegungen. Der junge Mann hatte offenbar nachher stets seine Freunde um sich gesammelt und ihnen meine Vorträge wiederholt, ausgeschmückt mit vielen abenteuerlichen Zutaten von der Natur, wie sie die Anklage meinen Absichten unterschob. Aber seine Romantik blieb haften, meine Überzeugungsversuche nicht.

Erschreckend groß scheint allgemein im fünften Stande der Prozentsatz der Geisteskranken, Phantasten, Hysteriker und so weiter zu sein. Es bleibt eine offene Frage, ob der Geisteszustand dieser Armen sie von der Beteiligung am allgemeinen Gesellschaftsleben ausschließt und dem Elend der Herbergen preisgibt, oder ob die Entsetzlichkeit des Lumpenlebens mit seinen Polizeiverfolgungen, Hungerschikanen und seiner seelischen Not die Gemüter in Verwirrung bringt.

Ich hatte also vor mir ein Auditorium von Psychopathen, dummen jungen, geldgierigen Deklassierten und daneben ein paar wirklich famose Kerle, die ihr Vagabundenleben in bewußtem Gegensatz zu der herrschenden Gesellschaft führten und neugierig und selbst manchmal begeistert den neuen Einsichten Raum gaben, die sich vor ihnen auftaten.

Ein Beispiel mag den Charakter dieser Menschen bezeichnen. In der ersten Rede, die ich den neuen Freunden hielt (und die hier in ihrem wesentlichsten Teil abgedruckt war), hatte ich wiederholt für die Lumpenproletarier das Wort „Kunden" gebraucht. Nachher protestierten zwei der Leute: Sie seien keine Kunden. Unter Kunden verstehe man Handwerksburschen, die von Ort zu Ort ziehen und um Arbeit fragen: „Wir sind Vagabunden oder Lumpen!" – Aus dieser Aufklärung sprach ein prachtvoller Stolz. „Wir suchen keine Arbeit, wir wollen nicht für die ‚Herren' arbeiten!" Die so sprachen und fühlten – grade die waren keine geborenen Faulpelze, grade die sehnten sich nach Arbeit, nur nach einer solchen, die ihrer persönlichen Ehre und Selbstbestimmung nicht zu nahe trat. Die waren meinen Worten zugänglich, und wenn auch sie manches von dem, was ich wollte, mißverstanden (man begreife doch, wie schwer es ist, sich diesen oberbayrischen Dialektsprechern in gebildetem Norddeutsch verständlich zu machen) – den Kern der Dinge begriffen sie, den Wert der sozialistischen Idee sahen sie ein, das Wort Anarchismus füllte sich ihnen mit Ethos und Menschenwert.

Ich wurde in der letzten Zeit oft gefragt, ob ich nach den bösen Erfahrungen, die ich gemacht habe, nicht endlich genug hätte und ob ich den Versuch, mit diesem Material zu arbeiten, nicht lieber aufgeben wolle. Ich antwortete: Nein! – Und wenn ich noch ein Dutzendmal mit dem Wagnis Schiffbruch leiden sollte – die paar Menschen, denen ich wirklich etwas Neues geben konnte, die sich durch mich bereichert fühlten, die werden mir immer wieder Mut geben, unter möglichster Vermeidung früherer Fehler von neuem anzufangen. Der irrende Ritter Don Quichote befreite die Galeerensklaven von ihren Fesseln. Nachher verprügelten sie ihn, weil er verlangte, sie sollten nun hingehen und seine holde Dulcinea schön von ihm grüßen. – Nennt mich getrost einen Don Quichote! Sind die Gefesselten, die ich befreien möchte, undankbare Ruderknechte, so bleiben ihre Ketten doch widerwärtig und meinen Augen ein Greuel. Und am Ende bin ich der Meinung, dass die sozialistische Freiheit, die sie mir grüßen sollen, nicht bloß ein leeres Phantom ist wie die selige Dulcinea von Toboso.

Anmerkungen von Günther Bruns

> Im Staat erkannte ich früh das Instrument zur Konservierung all der Kräfte, aus denen die Unbilligkeit der gesellschaftlichen Einrichtungen erwachsen ist. Die Bekämpfung des Staates in all seinen wesentlichen Erscheinungsformen, Kapitalismus, Imperialismus, Militarismus, Klassenherrschaft, Zweckjustiz und Unterdrückung in jeder Gestalt war und ist der Impuls meines öffentlichen Wirkens. Ich war Anarchist, ehe ich wusste, was Anarchismus ist; ich war Sozialist, als ich anfing, die Ursprünge der Ungerechtigkeit im sozialen Betriebe zu begreifen.

Mühsam hat sehr unter der Unterdrückung seiner Freiheit in Elternhaus und Schule gelitten. So fielen anarchistische Ideen Gustaf Landauers bei ihm auf fruchtbaren Boden. 1909 ließ sich Mühsam in München nieder und gründete die Gruppe „Tat", die dem Sozialistischen Bund angehörte. Er versuchte hier das Subproletariat für anarchistische Ideen zu begeistern. Der Obrigkeit gefielen die Aktivitäten Mühsams ganz und gar nicht. Er wurde 1910 wegen Geheimbündelei angeklagt, aber schließlich freigesprochen.

Heute würde man sagen, er wurde wegen „Mitgliedschaft in einer kriminellen Vereinigung" angeklagt. Mühsam weist darauf hin, welche verhängnisvolle Rolle die Sozialdemokraten für die Arbeiterinteressen spielten, indem sie aus Proletariern Kleinkapitalisten zu machen versuchten. Wie aus dem Text „Der fünfte Stand" hervorgeht, hatte Mühsam wenig Erfolg mit seinen Bemühungen. Aber er analysiert auch seine Fehler und lässt sich von seiner Idee einer positiven Veränderbarkeit auch der Unterprivilegierten nicht abbringen. Hier folgt er letztlich christlich-jüdischen Vorstellungen. Klaus Hugler bezeichnete Mühsam als „Partisan der Menschlichkeit". Mühsam tritt hier Vorstellungen von Karl Marx entgegen, der das Lumpenproletariat als „Mobilgarde" der Reaktion betrachtete, das sich nicht wie die Industriearbeiterschaft organisieren lasse und offen für die Bestechung durch den Klassengegner sei.

UND HEUTE: Nach Untersuchungen der Friedrich-Ebert-Stiftung gehören etwa 8 % der Wahlberechtigten zum sogenannten „abgehängten Prekariat". Die Situation hat sich natürlich nach über 100 Jahren stark verändert. Früher diente das Milieu der traditionslosen Arbeiter als Arbeitskraftreserve. Auf Grund immer besserer Rationalisierungstechniken sind in der Industrie einfache Tätigkeiten weitgehend weggefallen. Es gibt kaum Kontakte zu anderen Milieus. Es wird meist untereinander verkehrt und geheiratet. Schulabschlüsse erreicht man selten.

Der Kriminologe Christian Pfeifer nannte 10 bis 15 % der Jugendlichen als unterprivilegiert. Da sie über wenig Bildung verfügten, sähen sie keine Aufstiegschancen für sich. Pfeifer macht das deutsche Schulsystem dafür verantwortlich. Kinder aus bildungsfernen Familien haben häufiger Fernseher und eigene Computer als Kinder aus bildungsnahen Familien. Dies würde jedoch zu schulischen Misserfolgen führen, so Pfeifer in seiner Studie „Die PISA-Verlierer − Opfer des Massenkonsums". Ich schlage vor, dass unsere Erich-Mühsam-Gesellschaft als Thema einer Tagung etwa wählen würde: Zeigt der Anarchismus Wege aus dem Prekariat? Oder: Welche Wege führen aus dem Prekariat!?

„Kein Existenzminimum ohne Kulturminimum"

*Über die Ausgrenzung von Obdachlosen, den Kampf um einen Sozial-
pass und russische Balladen in der Wohnungslosenhilfe – Sabine Ke-
bir im Gespräch mit Klaus Störch*

*Wir drucken dieses Interview anstelle des ursprünglich vorgesehenen Vortrags
von Klaus Störch. Wir danken der „jungen Welt", die das Interview am
14.8.2011 veröffentlichte, für die Abdruckgenehmigung.*

*Klaus Störch ist Leiter des von der Caritas betriebenen Hauses Sankt Martin am
Autoberg in Frankfurt-Hattersheim*

*

*Wenn sozial Ausgegrenzten und Wohnungslosen in Zeiten der Zuspitzung neoli-
beraler Politik „individuelles Versagen" vorgeworfen und Unterstützung nur
nach dem Motto „Fordern und Fördern" gewährt wird, steigt die Verantwortung sozialer Hilfseinrichtungen. Das „Haus Sankt Martin" am Autoberg in
Frankfurt-Hattersheim geht ungewöhnliche Wege, um die Verbindung zwischen
Wohnungslosen, den Bürgern im Umfeld und der Gesellschaft zu stärken. Neben
der Organisation von Hilfe veranstalten Sie auch öffentliche Kulturevents wie
Lesungen, Diskussionen, literarische Wettbewerbe und Ausstellungen. Was sind
die primären Aufgaben des Hauses am Autoberg?*

Das „Haus Sankt Martin" ist eine Einrichtung der Wohnungslosenhilfe. Unser
Haus liegt im Speckgürtel von Frankfurt am Main, knapp zwanzig S-Bahn-
Minuten von der Wirtschafts- und Finanzmetropole entfernt. Träger ist der Cari-
tasverband Main-Taunus. Unsere primäre Aufgabe ist die Beratung, Betreuung
und Begleitung wohnungsloser Menschen. Wir geben Unterstützung zur Über-
windung „besonderer sozialer Schwierigkeiten". Das ist z.B. die Wiederbeschaf-
fung eines Personalausweises, die Auszahlung von Tagessätzen, die Vermittlung
in ärztliche Behandlung oder die Sicherstellung stationär-medizinischer Versorgung, die Vermittlung in Einrichtungen der Suchtkrankenhilfe usw. Wer von der
Straße weg will, erhält Unterstützung bei der Wohnungssuche – was schwierig
ist im Rhein-Main-Gebiet, denn Wohnraum ist teuer. Großen Stellenwert hat
auch die präventive Arbeit, d.h. wir versuchen, drohende Wohnungslosigkeit
und Obdachlosigkeit abzuwenden. Darüber hinaus kommen Menschen zu uns,
die Fragen zur Hartz-IV-Gesetzgebung haben. Wir helfen beim Ausfüllen der
Anträge oder unterstützen bei der Formulierung von Widersprüchen.

Auch unser infrastrukturelles Angebot wird nicht nur von Wohnungslosen in
Anspruch genommen: das kostenlose Frühstück, das Mittagessen für einen sym-
bolischen Euro oder die Möglichkeit, die Wäsche zu waschen. Zu uns kommen
der Langzeitarbeitslose sowie ältere Menschen, die nur eine kleine Rente haben.

Nicht jeder kann in die Kneipe um die Ecke oder ins Café gehen. Die Einrichtung ist ein Treffpunkt, ein Ort der Kommunikation. Aus unserer Arbeit mit Wohnungslosen heraus ist die Hattersheimer-Hofheimer Tafel entstanden, die mittlerweile über 475 Haushalte, das entspricht rund 1100 Personen, im westlichen Main-Taunus-Kreis zusätzlich mit Lebensmitteln versorgt.

Das Haus Sankt Martin am Autoberg ist bekannt dafür, dass es die Hilfesuchenden in die Planungen und Aktivitäten einbezieht. Wie gelingt das?

Wir versuchen, nicht nur die aktuellen Probleme der Klienten zu lösen, sondern auch deren vorhandene Kompetenzen, Fähigkeiten und Ressourcen für eine gelingende gesellschaftliche Integration zu erhalten bzw. zu verbessern. Jeder bekommt die Möglichkeit, sich in und für die Einrichtung zu engagieren. So haben wir die Außenanlagen und den Garten gemeinsam mit Wohnungslosen gestaltet. Wir bieten aber auch darüber hinaus Beschäftigungs- und Freizeitangebote, die wir gemeinsam mit den Besuchern entwickeln. Und wir geben Wohnungslosen und Menschen aus dem Stadtteil die Gelegenheit, bei unserem Kulturprogramm mitzuwirken. Im vergangenen Jahr hat ein langjähriger Wohnungsloser gemeinsam mit einer Kollegin aus dem Hause „Russische Balladen" vorgetragen. Der Abend war ein voller Erfolg.

Wie kam es zu der Idee, das Haus Sankt Martin am Autoberg nicht nur als Stützpunkt für Wohnungslose, sondern auch als Kulturzentrum zu konzipieren?

Unser Arbeitsalltag ist bestimmt von der Beratung, Versorgung und Begleitung wohnungsloser Menschen. Von Anfang an war uns die aktive Einbeziehung sowohl der Wohnungslosen als auch der Menschen aus der Hattersheimer Siedlung wichtig. Hieraus entstanden immer wieder interessante Projekte, die charakteristisch für unsere Einrichtung sein dürften. Wohnungslosen und sozial Benachteiligten den Zugang zu Kunst und Kultur zu erleichtern und gleichzeitig den Bewohnern der Stadt und im Kreis die Gelegenheit zu geben, die Schwelle zu einer Wohnungsloseneinrichtung zu überschreiten und Berührungsängste abzubauen, war eines der Ziele, die wir mit dem Kulturprogramm erreichen wollten. Der Autor Götz Werner hat einmal den Begriff vom Kulturminimum geprägt. Kein Existenzminimum ohne ein Kulturminimum. Kulturminimum, das bedeutet die Möglichkeit der kulturellen Teilhabe jedes einzelnen an der Gesellschaft. Mit weniger sollte man sich nicht zufriedengeben.

Welche kulturellen Aktivitäten hat es schon gegeben, welche sind in Zukunft geplant?

Der Mensch lebt bekanntlich nicht vom Brot allein. Auch Menschen am gesellschaftlichen Rand haben ein Bedürfnis nach Kunst und Kultur, werden aber oft ausgeschlossen. Nicht jeder kann sich die Theater- oder Konzertkarte leisten, nicht jeder kann ins Kino gehen. Das geben die Regelsätze nicht her. Diesen Menschen wollen wir einen Zugang verschaffen. Aber unsere Veranstaltungsreihe „Kunst und Kultur am Autoberg" wendet sich nicht nur an unsere Klientel, unsere Adressaten sind auch die Bürgerinnen und Bürger der Stadt und der Region. Wir möchten mit unseren kulturellen Veranstaltungen im Gemeinwesen Schwellenängste und Vorurteile abbauen. Wer geht sonst schon freiwillig in eine Wohnungsloseneinrichtung?

Vor knapp drei Jahren veranstalteten wir eine Lesung aus Alexander Masters Roman „Das kurze Leben des Stuart Shorter". Ich glaube, kaum ein zweiter zeitgenössischer Roman ist für die Auseinandersetzung mit der Wohnungslosenproblematik so erhellend wie dieser. Das Publikum hat das genauso empfunden. Ein großer Erfolg war die Lesung von Joachim Zelter, der sein Buch „Die Schule der Arbeitslosen" präsentierte. In einem Aufsatz für unsere Einrichtung schrieb er, dass er seine Lesung hier „als das genaue Gegenteil" sonstiger Lesungen erlebte. „Das Publikum folgte meinem Roman mit unbedingtem Interesse. Wo anderswo Erleichterung herrscht, wenn ich mitten in der Lesung auf andere Romane ausweiche, da spürte ich hier Irritation. Ich hörte die unausgesprochene Frage: Warum? Warum mitten in der Lesung die Bücher wechseln? Warum liest er nicht weiter? … Also las ich weiter – mehr Kapitel als bei jeder anderen Lesung der ‚Schule der Arbeitslosen' … Selten erlebte ich ein derart unbestechliches Publikum – gänzlich anders als die Zuhörerschaften sonstiger Lesungen. Weit entfernt von jeder Entrüstung, Verdrängung und Verlogenheit. Unbestechlich, unablenkbar und offen – selbst für die Wahrheit."

Im Mai veranstalteten wir einen Diskussionsabend „Als Kunde bezeichnet, als Bettler behandelt – Erfahrungen aus der Hartz-IV-Welt" mit Prof. Dr. Franz Segbers von der Universität Marburg. Er ist auch Referent für Sozialethik beim Diakonischen Werk in Hessen und Nassau. Im September kommt Prof. Dr. Titus Simon von der Hochschule Magdeburg-Stendal, der seinen jüngsten Kriminalroman „Drei Tote für Benni" vorstellen wird. Darin geht es um die bedrückende Realität wachsenden Rechtsextremismus in Deutschland. Im Spätherbst wollen wir dann eine Lesung aus Bertolt Brechts Fragment „Das Manifest" zur Aufführung bringen. Für 2011 wünsche ich mir eine Veranstaltung mit Dietmar Dath.

Wer kommt zu den Kulturveranstaltungen?

Das Publikum ist sehr heterogen. Aber Wohnungslose und Menschen aus dem Stadtteil sind eigentlich immer dabei. Häufig kommen politisch interessierte Bürger ins Haus Sankt Martin, insbesondere, wenn es um sozialpolitische Fragestellungen geht. Im vergangenen Jahr hatten wir eine sehr gut besuchte Veranstaltung, die sich mit der Kritik von Suppenküchen, Tafeln und Kleiderkammern beschäftigte.

Das Haus gibt auch Publikationen verschiedener Art heraus. Welche? Wer machte bislang mit?

Seit einigen Jahren bringen wir die „kleinen hattersheimer hefte", und die „kleine hattersheimer Bibliothek" heraus. Ursprünglich wollten wir mit dieser Reihe lediglich unsere Arbeit in der Wohnungslosenhilfe dokumentieren. Wir stellten aber fest, dass es darüber hinaus gesellschafts- und sozialpolitische Fragestellungen gibt, die für unsere Arbeit relevant sind. Also haben wir uns Themen wie „Was bedeutet soziale Gerechtigkeit", „Garantiertes Grundeinkommen" sowie „Recht auf Wohnung" zugewandt. Viele Menschen aus Politik und Wissenschaft haben mitgemacht, darunter Friedhelm Hengsbach, Oskar Negt, Rainer Roth, Götz Werner, Joachim Hirsch und Lothar Bisky, um nur einige zu nennen.

Die Einrichtung steht auch örtlichen Initiativen als Tagungsort zur Verfügung. Welche Gruppen nutzen das?

Da ist vor allem die „Initiative Maintaunus-Sozialpass" zu nennen. Das ist eine Gruppe erwerbsloser Menschen, die Hilfe zur Selbsthilfe von Arbeitslosen für Arbeitslose organisiert. Sie trifft sich jeden zweiten Mittwoch hier zum „Hartz-IV-Café". Die Öffentlichkeit wurde auf die Initiative aufmerksam, als sie für die Erhöhung der Regelsätze demonstrierte und einen „Sozialpass" für den Main-Taunus-Kreis forderte, der mehr beinhalten sollte als die Vergünstigung bei Eintrittspreisen für das städtische Freibad, sondern auch im öffentlichen Nahverkehr. Konkret ging es um eine Monatskarte für rund 20 Euro für die Hilfeempfänger. Dies ist etwa der Betrag, der in den Regelsätzen im Sozialgesetzbuch II und XII vorgesehen ist.

Von wem bekam das Projekt Unterstützung? Von wem nicht?

Die Kommunen Hattersheim und Hofheim am Taunus haben einen Sozialpass eingeführt. Für die Initiative gehen die Angebote bzw. Vergünstigungen nicht weit genug. Die Kommunen argumentieren mit leeren Haushaltskassen. Der Sozialpass steht jedes Jahr zur Disposition, auch mit dem Argument, dass ihn nur wenige in Anspruch nehmen. Der Kreis hat die Forderung nach einer preisgünstigen Monatskarte abgelehnt.

Die Kommunalpolitiker sind nicht sehr erfreut, dass es eine kämpferische Initiative gibt, die Forderungen nach Erhöhung der Regelsätze erhebt. Die Hartz-IV-Betroffenen aber sind dankbar, dass es diese Initiative gibt, besonders darüber, dass sie in allen Fragen rund um das Sozialgesetzbuch II und XII gute Beratung und Unterstützung bekommen.

Warum gibt es in einem reichen Land wie Deutschland überhaupt Wohnungslose?

Diese Frage lässt sich nicht in einem Satz beantworten. Die moderne Industrie- und Dienstleistungsgesellschaft stellt hohe Anforderungen an die Menschen. Mobilität. Flexibilität, Spezialkenntnisse und hohe Lernbereitschaft. Wer diese Anforderungen nicht erfüllen kann, hat kaum eine Chance. Menschen, die diesen Anforderungen nicht standhalten können, fallen durch die Raster der Auswahlverfahren und werden sukzessive abgekoppelt. Die staatlichen Transferleistungen dienen lediglich der Existenzsicherung auf niedrigem Niveau. Teilhabe am gesellschaftlichen Leben ist dabei nur eingeschränkt möglich. Die Verschlechterung der Existenzbedingungen führt häufig zu persönlichen Problemlagen, die viele an den Rand der Gesellschaft bringen. Zunehmend kommen Jugendliche und junge Erwachsene in der Wohnungslosenhilfe an.

Brauchen die Mächtigen diesen Mechanismus der Marginalisierung, um die Gesamtgesellschaft zu disziplinieren?

Armut und Ausgrenzung waren schon immer konstitutiv für das kapitalistische System. Die gegenwärtige Debatte um die sogenannten Leistungsträger der Gesellschaft, um die guten und die schlechten Armen, befördert die Entsolidarisierung der Gesellschaft weiter.

Besteht Hoffnung, dass in Deutschland – wie in Frankreich seit Ende 2008 – ein einklagbares Recht auf Wohnung eingeführt wird?

In Frankreich werden den Regierenden durch die Bürger schneller Grenzen gesetzt. Erinnern wir uns: Die „Enfants de Don Quichotte" reihten vor knapp drei Jahren Zelt an Zelt am Pariser Kanal Saint Martin und gaben jedem die Möglichkeit, am eigenen Leib zu erfahren, wie es ist – vor allem im Winter –, kein Dach über dem Kopf zu haben. Diese Aktion sollte aber nicht nur auf die Nöte der über 100000 Wohnungslosen in Frankreich aufmerksam machen. Sie forderte auch ein Grundrecht auf Wohnung, womit sie bekanntlich Erfolg hatte.

In Deutschland blieb diese Forderung bisher unerhört. In Zeiten, in denen auch Teile der Linken vom Privatisierungswahn befallen sind, scheint sie vielen nicht mehr zeitgemäß. Umso wichtiger ist, dass sich die professionelle Wohnungslosenhilfe den sich permanent wandelnden Bedürfnissen stellt.

Die professionelle Wohnungslosenhilfe muss sich zudem weiteren Herausforderungen stellen. Dazu zählen der Ausbau der präventiven Arbeit zur Wohnraumsicherung, die Zusammenführung der kommunalen Obdachlosenhilfe und der Wohnungslosenhilfe gemäß dem Sozialgesetzbuch, die Weiterentwicklung und Umsetzung sozialräumlicher Konzepte und die Verstärkung der Kooperationen mit Wohnungsbaugesellschaften. Mit anderen Worten: Der gesellschaftliche Veränderungsprozess verlangt nach neuen Wegen in der sozialen Arbeit. Flexible Angebote, schnelle Anpassung der Hilfen an den sich permanent wandelnden Bedarf sind erforderlich. Ausgrenzung und Stigmatisierung müssen so weit wie möglich verhindert werden.

Wolfgang Kröske

Silvio Gesell, der Marx der Anarchisten

Silvio Gesell hat zum bedingungslosen Grundeinkommen direkt gar nichts gesagt; aber auf ihn geht die wunderbare Idee einer Mutterrente zurück, damit die Mütter nur die schönsten Männer zur Fortpflanzung nehmen, die sie dann auch wieder aus dem Bett schmeißen können, sodass die Menschheit sich auf diese Weise langsam zum Besseren entwickelt. Silvio Gesell – ein grandioser Utopist voller Einfälle.

Gut, erst einmal ein paar Grunddaten. Silvio Gesell ist Deutscher, obwohl der Name so italienisch klingt, ist geboren 1862 in St.Vith bei Aachen. Wenn man nach Belgien fährt, ist es die letzte Ausfahrt auf der Autobahn an der belgischen Grenze, und schon als Kind ist er dort durch die Wälder gestreift und hat geschmuggelt, also er hat schon als kleiner Knabe gemerkt, was es bedeutet, dass der Staat einfach unterschiedliche Zölle, Steuern usw. setzt und wie man mit dem Unterschied dieser Beträge ein kleines Zusatzeinkommen verdienen kann. Es war eine kleinbürgerliche, christliche Familie, was ihn manchmal ziemlich gestört hat. Dann ging er ganz normal aufs Gymnasium, schloss das auch normal ab, ging dann zur Post. Das wurde ihm zu langweilig, er wurde Tierfänger in Málaga in Spanien und hat an Hagenbeck Chamäleons geschickt, aber die Post hat abgelehnt, sie zu transportieren. So war auch diese Karriere versperrt. Dann hat er endlich in Braunschweig geheiratet, ging nach Berlin, hat ein Schulexamen gemacht, damit er nicht zu lange zum Militär musste, hatte seine Militärzeit und wanderte 1886 nach Argentinien aus, also noch ziemlich jung, und da begann sein Erfolgsweg, denn sein Bruder hatte hier in Deutschland einen Vertrieb für Zahnarztinstrumente, und das kannte man in Südamerika so nicht, dass man die einfach bestellen konnte. Er ist also in eine Marktlücke gestoßen und hat binnen kürzester Frist ein enormes Vermögen gemacht. Es ist doch immer schön, wenn wir von rebellischen linken Ökonomen hören, die auch selber reich geworden sind.

Also das macht in mir ein gewisses Zutrauen, während man ja andererseits von Marx weiß, dass er immer wieder sein ganzes Geld an der Börse verspekuliert hat und da keinen Erfolg hatte. Trotzdem hat Silvio Gesell sein Geld gut angelegt. Er hat es auch für soziale Zwecke verwendet usw., hatte dann aber keine Lust, Unternehmer zu werden, hat sein Geld in einer großen Kartonagefabrik angelegt und dann mit dem Ertrag ein Riesengrundstück gekauft, 20.000 m². Ich bin kein Gärtner, weiß nicht, wie viel das ist, aber so eine richtig große Farm und eine Insel im Rio de la Plata, also ein kleines Paradies. Er schreibt auch immer Geschichten über Robinson. Also das lag ihm wohl im Blut, dass er immer aus der normalen Wirtschaftswelt ausbrechen und ganz etwas anderes machen wollte. Er kam aus Argentinien zurück; ich weiß nicht, was aus seinem Vermögen dort geworden ist. Ich nehme an, er hat das verkauft, denn er hat hier in Deutschland verschiedene Siedlungen mit begründet, unter anderem in Oranienburg bei Berlin, und da steckt ganz schön viel Geld darin. Er ist dann auch nicht mehr nach Argentinien zurückgefahren, sondern man traf ihn hier in Deutschland während der 20er Jahre, immer auf Treffen der Bündischen Jugend und der Freiwirtschaftler und der Sozialen Union, alles so kleine Treffen und Kongresse, aber da war er sehr aktiv. Aber 1915 hat er in der Schweiz den Freiland-Freigeldbund gegründet. Den Begriff erkläre ich gleich noch. Und er gab die Zeitschrift „Freistatt" heraus. Seine Anhänger nannten sich Freiwirtschaftler. Ihre Absicht war es, sich in Siedlungsgemeinschaften auf genossenschaftlicher Basis zu vereinen. Gesell ging es darum, die Staatsgewalt auf das unerlässliche Minimum zu reduzieren, besser noch, den Staat letztendlich ganz abzuschaffen.

Obwohl Gesell sich kaum als Anarchist verstanden hat, sahen viele Freiwirtschaftler in ihm die Verkörperung eines entschiedenen Anarchismus. Gesells große Stunde kam durch die Bekanntschaft mit Ernst Niekisch, der in der Münchner Räterepublik eine große Rolle spielte, also einige Wochen lang Vorsitzender des Vollzugsrates war, der Silvio Gesells Ideen gut fand und ihn gefördert hat. Dadurch kam es dazu, dass Gesell – und das war dann wirklich seine große Stunde – am 7. April 1919 zum Volksbeauftragten der Bayerischen Räterepublik vom Arbeiter- und Soldatenrat ernannt wurde. Da kann man sagen, das ist der Gipfelpunkt seines ganzen Lebens, denn nun war er an der verantwortlichen Stelle, wo er seine Thesen unter Beweis stellen wollte, und schon ging's danebem, meiner Ansicht nach, denn das Erste, was er gemacht hat, ist, dass er aus der deutschen Währung ausgetreten ist. Hier ist das Telegramm dokumentiert, das er am 10. April an das Reichsbankdirektorium in Berlin geschrieben hat:

> Der Abbruch der diplomatischen Beziehungen zwischen der Räterepublik Bayern und der Reichsregierung stellt uns vor die Frage, ob wir in Bezug auf die Währung selbständig vorgehen sollen. Die Übertragung des diplomatischen Bruchs auf das Geldwesen würde den Wiederanschluss in beklagenswerter Weise erschweren. Ich will mit durchgreifenden Mitteln die Währung sanieren, verlasse die Wege der systemlosen Papiergeldwirtschaft, gehe zur absoluten Währung über [wobei in Berlin kein Mensch wusste, was damit gemeint ist – wie heute auch noch nicht so richtig] und bitte um Bekanntgabe Ihrer Stellungnahme.
>
> Silvio Gesell, der Volksbeauftragte der Räterepublik Bayern für das Finanzwesen, München, 10. April.

Klar, was kriegt er als Antwort? Der Reichsbankpräsident schreibt zurück: „Ich warne vor Experimenten." Fertig, mehr hat er dazu nicht zu sagen. Gesell ließ sich nicht beirren. Unter einer absoluten Währung, nämlich sein Freigeld oder Schwundgeld – das erkläre ich später auch noch genauer – hoffte er, die Inflation, die da 1919 schon losging, im letzten Augenblick abwenden zu können. Die Presse druckte Gesells Telegramm in einer gefälschten Variante ab. Statt „systemlose Papiergeldwirtschaft" schrieb sie „systemlose Bargeldwirtschaft" und das war's. Da hat natürlich jeder kleine Bauer, Angestellte und Arbeiter in Bayern gesagt: „Diese Wahnsinnigen, die wollen mir meine Sparguthaben abschaffen!", und damit war dann sozusagen von der Wirtschaftsseite her die Bayerische Republik gefloppt. Dieses Missverständnis haben sie nie wieder einholen können, dieses. Also ein Missverständnis war es eigentlich nicht, aber es war viel zu genau und schnell und glatt ausgedrückt. Dieses eine geänderte Wort ließ Gesell als Narren, als anarchistischen Wirrkopf erscheinen, der brave Bürger um ihr sauer verdientes Bargeld bringen wollte. Man kann nicht in der dritten Woche nach der Revolution sagen, so, wir nehmen euch allen das Geld weg, nicht den Reichen, sondern den Leuten, die das bitter erspart haben. Mit so einer Erklärung kann man jede Revolution sofort beenden. Diese beiden Dinge sind, glaube ich, mitverantwortlich dafür, dass die Bayerische Räterepublik keine große, massenhafte Unterstützung bekommen hat.

Wenn man das vergleicht mit dem, was Lenin dann an Ratschlägen geschrieben hat auf das Telegramm von Erich Mühsam hin, auch vom April, was man machen soll, um erste Schritte zur Diktatur des Proletariats einzuführen, dann ist das ein himmelweiter Unterschied. Also, er sagt zum Beispiel, natürlich sofort die Banken besetzen, sofort den Außenhandel von Bayern aus dicht machen, die großen Vermögen kontrollieren, dass man erst mal weiß, wo die sind, langfristig beschlagnahmen, sofort die Gehälter der Dienstmädchen und der Knechte auf dem Lande verdoppeln per Gesetz und solche Dinge. Gesell denkt nicht mal daran, die Landesbank zu besetzen, sondern er bildet einen Ausschuss, in dem er solche Überlegungen nächtelang breit diskutieren lässt, wie man jetzt in ganz Deutschland das Schwundgeld einführen kann, was noch nicht heißt, dass das Schwundgeld nun völlig blödsinnig ist, aber in dieser taktischen Situation, völlig ohne jede Vorarbeit, ohne jedes Verständnis, sowohl auf der einen Seite dem Reichsbankpräsidenten als Vertreter der großen deutsche Bourgeoisie als auch den Arbeitern und Bauern in Bayern, die ja immerhin die Republik mit Waffen verteidigen müssen, denen solche Dinge zu sagen, dass sie nun beide nichts damit anfangen können, das heißt mindestens, sich zwischen alle Stühle setzen und die Niederlage ideologisch herbeirufen. Er war nicht der Einzige. Landauer, der Bildungsminister, forderte zum Beispiel, dass die Arbeiter in den Fabriken Shakespeare-Stücke aufführen sollen, weil das eben zum besseren Menschentum führen würde. Also es war schon ziemlich wahnsinnig. Und unser Erich Mühsam immer da drin, der versucht, irgend etwas Vernünftiges hinzukriegen, nämlich die russischen Kriegsgefangenen nach Hause zu schicken – anderthalb Jahre nach der Revolution in Russland. Das muss man sich auch einmal vorstellen, diese Zeiten.

Dann marschieren, das wisst Ihr ja, im Mai die Truppen ein, von der SPD in Bamberg gerufen, Freikorps, eine wilde Soldateska, die einfach jeden niederschießt, der wie ein Arbeiter aussieht, und dann aber auch offizielle Reichswehrtruppen, und die richten ein Riesenblutbad in München an mit über 1000 Toten und vielen Menschen, die vor ein Gericht gestellt und standrechtlich erschossen werden. B. Traven, der berühmte Autor, erzählt später „Im freiesten Staat der Welt", wie das damals zuging. B. Traven war auch schon zum Tode verurteilt. Er konnte nur schnell entwischen, weil einer seiner Bewacher eine menschliche Regung zeigte und sagte, na, geh mal eine rauchen, und dann war er weg und wurde dann der weltberühmte Autor. Also so ging das damals zu.

Silvio Gesell geschah nichts. Er wurde freigesprochen mit der Begründung, weil er ja kein Spartakist war und weil seine wirtschaftlichen Auffassungen nicht geeignet waren, die Revolution voranzubringen. Das ist ein sehr hartes Urteil, aber leider nicht so ganz falsch, fürchte ich. Er bleibt dann in Deutschland, und der Traum von Rätebayern war ausgeträumt, nicht aber der Traum von Gesells Freigeld. Im Mai 1921 schlossen sich verschiedene freiwirtschaftliche Organisationen bei einem Treffen in Kassel zum Freiwirtschaftsbund zusammen, der dann dieses berühmte Zeichen FFF hat – Freiwirtschaft, Freiland, Freigeld. Das Ziel ist eine „natürliche Wirtschaftsordnung", so der Titel von Gesells Hauptwerk. Gesell wollte eine Wirtschaftsordnung, in der es unmöglich sein sollte, arbeitsloses Einkommen zu gewinnen, also als Bourgeois einfach Geld auf die Bank zu bringen und von den Zinsen zu leben. Das hielt er nicht für eine natürliche Wirtschaftsordnung, und das sollte in seiner Freiwirtschaft beseitigt werden. Wobei das bedingungslose Grundeinkommen genau das Gegenteil ist: Man bekommt Geld, auch wenn man nicht arbeitet. Das war sein idealer Sozialstaat, in dem es dann keinerlei Ausbeutung geben sollte. Das müssen wir überlegen, wie er sich das vorgestellt hat. Da setzt, glaube ich, die härteste Kritik an, weil selbst wenn, das sage ich schon mal im Vorwege, selbst wenn Gesells Ideen sich durchsetzen würden, würde das meiner Ansicht nach noch lange nicht das Ende des Kapitalismus, von Ausbeutung, Imperialismus, Kriegen und all den schrecklichen Dingen bedeuten, die wir als Revolutionäre und Marxisten eben bekämpfen wollen.

Sein weiteres großes Wirken in der Öffentlichkeit war Pfingsten 1923 in Basel, der erste internationale freiwirtschaftliche Kongress. Dann lässt er sich in Eden nieder, einer Siedlung bei Oranienburg, die Sie heute noch besichtigen können. Da hat er viel Geld hineingesteckt. Das sind alles nette kleine Siedlungshäuser, die gibt's auch alle noch, hell angestrichen, keine Garagen und umgeben von Obstbäumen, so drei, vier Straßen im Geviert, in der Mitte ein Zentralraum, alles sehr hübsch im Stil der Mitte 20er Jahre, also nach dem Jugendstil, und bewohnt von Menschen, die es immerhin geschafft haben, die ganze DDR durch dieses freiwirtschaftliche Modell zu erhalten, aber nicht die genauen Nachfolger der ersten Eden-Siedler, denn da war die SS dazwischen. Diese Häuschen waren bei der SS sehr beliebt. Oranienburg war das große KZ, also die haben da natürlich gerne gesiedelt und sich das zueigen gemacht, und ich stelle mir manchmal vor, was passiert wäre, wenn Erich Mühsam es geschafft hätte, bei der Ausführung aus dem KZ Oranienburg zu den Arbeitsstätten – die kann man heute auch noch besichtigen, wenn man von Oranienburg rechts herausfährt – wenn es ihm gelungen wäre zu fliehen und er wäre in die Siedlung Eden geraten, die von seinem Freund Silvio Gesell errichtet worden war. Da hätte er sicher eine böse Überraschung erlebt. Dazu ist es nicht mehr gekommen, er wurde ja 1934 umgebracht.

Auch Silvio Gesell musste nicht mehr den Schwur leisten, ob er nun Antifaschist ist oder, wie hier ein Tagungsbericht heißt, dass er Wegbereiter des Faschismus in Deutschland war, was ich nicht so glaube, aber das kann man auch noch genauer betrachten. Diesen Schwur musste er nicht mehr leisten, er starb am 11. März 1930 in Eden, und dort kann man auch eine Gedenktafel sehen und sich mit Leuten unterhalten, die Silvio Gesell noch kannten. Und unser Erich Mühsam ist begeistert von seinem Freund und schreibt einen wirklich sehr ergreifenden Nachruf. Das ist nur eine Seite, deswegen erlaube ich mir, den hier vorzulesen, aus dem „Fanal", der Zeitung, die Erich Mühsam bis zu seiner Gefangenschaft 1933 herausbringt:

Ein Wegbahner

„In der Frühe des 11. März ist im Alter von fast 68 Jahren der Begründer der FFF-Bewegung, Freiland, Freigeld, Freiwirtschaft, Silvio Gesell, einer Lungenentzündung erlegen. Die Nachricht war nicht den Tageszeitungen zu entnehmen, die der am öffentlichen Leben teilnehmende Mensch allmorgendlich nach den wichtigen Neuigkeiten befragt. Sie stand erst nach der Beisetzung in der von dem Toten selbst beeinflussten, seine Gedanken verbreitenden Zeitung „Letzte Politik" zu lesen. Das ist kennzeichnend für das stumpfsinnige Getriebe, das die Werte der Welt in dieser unserer Gegenwart für den Hausgebrauch der Spießer zurechthackt. Es wird eine Zukunft kommen, die den geistigen Stand der Deutschen danach bemessen wird, dass das Ableben Silvio Gesells unbemerkt, kaum irgendwo registriert, geschehen konnte und ins Leben der Zeitgenossen scheinbar gar keine Lücke riss. Gesells theoretische Leistung ist aber mit dieser blamablen Stille um seinen Fortgang nicht abgetan, und wie bedeutungsvoll die Leistung war, wird dann erkannt werden, wenn sie in der Praxis erprobt werden wird. Gustav Landauer wusste, was er tat, als er vor elf Jahren empfahl, die Revolutionierung des Geldwesens der Räterepublik Bayern dem an Proudhon geschulten, dabei ganz selbständig denkenden Gesell anzuvertrauen. Wäre die bayerische Revolution militärisch siegreich geblieben und hätte sie dem modernen Physiokraten die Verwirklichung seiner Pläne gestattet, so hätte es in Bayern keine Inflation gegeben und die Enteignung der Kapitalisten wäre vor sich gegangen bei gleichzeitiger Verhinderung der ihnen in Russland geglückten Schliche, mit Hilfe des wertgesicherten Geldes die Warenzirkulation neuerdings zur Quelle verzinslicher Besitzhäufung zu machen. – [Das schreibt er noch 1930, wo in der Sowjetunion, glaube ich, etwas anderes abläuft.] – Gesells Freilandlehre ist stark anfechtbar. Seine Geldtheorie dagegen scheint berufen, nicht, wie er annahm, das Wirtschaftsregulativ der freiheitlichen Gesellschaft zu werden, wohl aber das Übergangsverfahren vom kapitalistischen Währungssystem zum geldlosen Kommunismus zu ermöglichen. Silvio Gesell war entschiedener Staatsverneiner. Es ist einer der kenntnisreichsten Schüler Gesells um eine Darstellung des Verstorbenen gebeten worden. Dieser Artikel wird hier demnächst erscheinen. Silvio Gesell war ein sozialer Wegbahner von größtem geistigen Wuchs, der Spott der Börsenpraktiker und das Gelächter der Marxisten können seine Bedeutung als Vorkämpfer gerechter und freiheitlicher Gesellschaftsgattung nicht mindern. Die Zeit revolutionärer Verwirklichung wird dem Toten vieles abzubitten haben, was die Zeit dogmatischer Unbelehrbarkeit an dem Lebenden und damit zugleich an sich selbst gesündigt hat. Der Weg der Menschheit zur anständigen Gemeinschaft wird mit mancher Fuhre Erde aus dem Garten Silvio Gesells gestampft sein."

Zusammengefasst kann man sagen, Erich Mühsam hat Silvio Gesell sehr gemocht, anerkannt und gesagt, wenn ein Teil seiner Theorien auch vielleicht nicht so wirkungsvoll gewesen wären, aber seine Freigeld- oder Schwundgeldtheorie wäre auf jeden Fall nach Einschätzung Mühsams ein ganz tolles Mittel, um die Kapitalisten zu enteignen und von ihrem Vermögen abzubringen und den Kapitalismus zu beenden. Soweit Mühsam, und das glauben heute viele Anarchisten auch noch.

Ich will einmal kurz als kleinen Einschub ein persönliches Erlebnis erzählen, wie ich selber zu Silvio Gesell kam. Sie sehen hier so einen Stapel Sachen herumliegen, hier zum Beispiel die „883", das ist die alte Zeitung der linksradikalen Berliner SDSler. Der Herausgeber ist Klaus Schmitt, bei uns immer „Anzünderklaus" genannt wurde, weil er eine Vorläuferzeitung hatte, die „Der Anzünder" hieß. Klaus Schmitt war ein Mensch, der mit einem Riesenrauschebart bei Demonstrationen im bürgerlichen Gehrock und Melone vor dem KaDeWe stand und wenn die Demo ankam, sagte, nicht da lang, hier lang, und versuchte, die Demo in das KaDeWe hereinzuleiten, ein Gedanke, der mir immer schon total großartig vorkam. Also ich habe ihn dann mehrfach meiner Verehrung versichert, weil er eben so ein tatkräftiger Anarchist war, und ich traf ihn in Kreuzberger oder Schöneberger Cafés, und immer wenn man schon vor der Tür stand, hörte man sein lautes Organ, und er schimpfte dann auf die Marxisten. Das war völlig absurd, weil natürlich irgendeine Trennung zwischen Anarchismus, Marxismus, Links, Rechts und Aktionismus damals noch gar nicht an der Tagesordnung war. Ich sagte, na gut, soll er gegen Marx schimpfen, Hauptsache, er ist ein guter Revolutionär, und das hatte er alles von Silvio Gesell, der in seinen Schriften gelegentlich doch ein unheimlicher Marx-Hasser war, und Klaus Schmitt hat mir das dann so deutlich und knallig ins Ohr geblasen, dass ich sagte, na, das muss ich doch mal nachlesen, und ich stellte dann fest, so wild waren die Unterschiede gar nicht. Beide gingen davon aus, dass der Kapitalismus von Klassenkämpfen beherrscht ist, beide standen auf Seiten des Proletariats, sie hatten nur verschiedene Auffassungen, was man nun machen kann, um den Kapitalismus zu beenden. Und das weiß man ja immer noch nicht, was nun die vernünftige und richtige Auffassung dazu ist. Deswegen waren diese Streitereien für mich sehr fruchtbar, weil mich das dazu führte, auch mehr über Marxsche Revolutionstheorie nachzudenken, damit ich ihm etwas entgegensetzen konnte, und bei Klaus Schmitt führte das dazu, dass er sich zehn Jahre lang mit dem Thema Gesell beschäftigt hat, ein Mensch, der nicht studiert hat und da seine ganze Freizeit drangesetzt hat und dann dieses wunderbare dicke Buch „Silvio Gesell – ‚Marx' der Anarchisten?" – noch mit Fragezeichen, später hat er es dann nur mit Ausrufezeichen gebraucht – da hat er 250 Seiten geschrieben und versucht, diese Widersprüche eben zugunsten Gesells aufzulösen.

Jetzt will ich einmal versuchen, darzustellen, worin diese Widersprüche bestehen. Marx, Gesell, alle Leute des 19. Jahrhunderts, gingen eigentlich von der sogenannten Arbeitswerttheorie aus, weil sie sich die Frage stellten: Was ist der Reichtum der Gesellschaft und wie entsteht der? Da gab es die unterschiedlichsten Auffassungen. Also Adam Smith hat gesagt, das kommt aus dem Freihandel. Wenn alle frei handeln, dann gewinnt jeder. Wo wir heute sehen, wozu das führt: Krise und Imperialismus. Proudhon hat gesagt, es kommt aus dem Boden, und Marx hat dann die Theorie aufgestellt, die mir persönlich die einleuchtendste erscheint: Es gibt nur eine Quelle des gesellschaftlichen Reichtums und das ist die menschliche Arbeit, weil die Arbeitskraft die einzige Ware auf dieser Welt ist, die man zu einem gerechten Preis kauft und die dann mehr herstellt, als sie selber kostet. Vielleicht wenn Ihr selber mal irgendwo Marxismus-Stunden gehabt habt, dann gibt es da ja diese berühmte Rechnung: Der Arbeiter arbeitet die ersten sechs Tage nur für den Ausgleich der Kosten des Kapitalisten und den letzten Tag arbeitet er dann für sich, für die Reproduktion. Heute ist das Verhältnis noch viel wahnsinniger geworden. Ich stelle mal das gute Beispiel vor: In den 50er Jahren brauchte man 1500 Arbeiter, um einen BMW herzustellen, heute 50. Das, was da passiert ist, ist ein gewaltiger Produktivitätsfortschritt, von dem die Arbeiter nur relativ gering etwas bekommen haben. Die andern Teile der Gesellschaft haben auch etwas abbekommen, aber der riesengroße Rest, den ich jetzt nicht beziffern will, aber bestimmt ein Drittel dieses Produktivitätsfortschritts ist in den Taschen der ein Prozent Aktienbesitzer dieser Welt gelandet oder je nachdem, wie man's rechnen will, und die haben so viel Geld, dass sie gar nicht wissen, was sie damit machen sollen und machen damit eine Krise nach der anderen, weil sie nicht mehr wissen, wo sie ihr Geld investieren sollen.

Das sieht Gesell auch so. Aber Gesell kommt jetzt auf die Idee, na, dann müssen wir die doch nur zwingen, dass sie ihr Geld investieren. Er glaubt also, diese Krise, die wir gerade erlebt haben, liegt daran, dass die Großbourgeoisie aufhört zu investieren, also sie hält ihr Geld für sich zurück. Das, muss ich sagen, ist gerade nach der letzten Krise kompletter Unsinn. Alle Kapitalisten haben verzweifelt nach einer Anlagemöglichkeit gesucht und haben dann griechische Staatsanleihen für 12 % investiert, haben in China neue Fabriken aufgebaut usw. Also das Problem, dass sie nicht wissen, wo sie investieren sollen, das hatten sie in dieser Krise gewiss nicht. Es gab sicher Krisen, wo das der Fall war, aber der Kern- und Knackpunkt der bürgerlichen Krise ist bestimmt nicht die Tatsache, dass die Bourgeoisie nicht mehr investiert. Ich weiß noch, mein Bruder ist selber Banker gewesen, bis er dann Pleite gegangen ist, und hat mich dann mal gefragt: „Sag mal, du bist doch Marxist. Gibt es nicht irgendwo auf der Welt noch ein Land, wo man wenigstens 10 % kriegt?" Da habe ich ihm Kuba empfohlen. Ich weiß nicht, ob er's gemacht hat, aber das zeigte die ständige Not der Kapitalisten, dass sie Investitionen tätigen können, von denen sie dann ihr Einkommen beziehen können.

So, da meinte nun Silvio Gesell, da setzen wir an und schaffen es durch besondere Mittel, Schwundgeld usw., was ich gleich erläutern werde, den Kapitalisten, im Grunde ohne dass sie das merken oder ohne dass sie sich wehren oder auf jeden Fall ohne dass man eine Revolution machen muss, also ohne Gewalt, ohne Angst, dass die Bourgeoisie zurückschlägt, und das ist das Wesentliche natürlich, ein Kleinbürger, wie er im Buche steht, der Angst hat vor harten klassenkämpferischen Auseinandersetzungen und denkt sich einen dritten Weg aus. Das ist auch von Silvio Gesell dieser Begriff, der dritte Weg zwischen Kommunismus und Kapitalismus. Es gibt auch eine Zeitung „Der dritte Weg", die von Gesellianern betrieben wird. Ich sage ja erst einmal noch gar nichts dagegen, es kann ja sein, dass es geht. Wir gucken uns das Modell mal an.

Und das sind diese drei „F", Freiland, Freigeld und Freiwirtschaft. Die Freiwirtschaft besteht darin, dass es einen negativen Zins gibt. Das heißt, wenn ich jetzt Kapitalist bin und Geld investiere, kriege ich ja einen positiven Zins. Also nehmen wir an, ich habe eine Million und kaufe davon ein Haus, dann will ich natürlich, dass diese Million, wie es im Gesetz steht, nach sieben Jahren wieder zurückgekommen ist, und dann geht das Verdienen los mit Zins und Zinseszins. Ich habe also immer einen positiven Zins. Silvio Gesell will das Gegenteil. Er hat gesagt, wir können die Kapitalisten nur dann zur korrekten, fairen Teilnahme am Wirtschaftsgeschehen zwingen, wenn wir ihr Vermögen, ihr Einkommen, ihr Geld mit einem negativen Zins belasten, und die Idee, wie man das macht, das ist das sogenannte Schwundgeld. Er sagt völlig zu Recht, der Geldbesitzer hat ja allen anderen Warenbesitzern gegenüber einen enormen Vorteil. Wenn ich Obst habe oder Gurken, dann habe ich Durchhaltekosten, dann habe ich das Risiko, dass ich die nicht verkaufe, also ist meine Ware mit einem großen Risiko belastet, und dafür ist ein Großteil des Preises, den ich kriege, ein ganz vernünftiges Durchhalterisiko. Nur der Geldbesitzer, der hat ja gar kein Durchhalterisiko, denn Geld fault nicht, wenn es nicht altes Eisengeld ist wie in Rom, sondern ich bringe es auf die Bank und ich kriege immer mehr Zinsen drauf. Ich kriege immer einen positiven Zins, auch wenn's nur 2 % sind, während die Gurken weg sind. Da bekommst du nichts mehr. Oder ein Auto, was unmodern geworden ist, oder Schneiderklamotten, die ich in der Boutique verkaufen will. Also da hat der Geldbesitzer, ich glaube, das ist leicht einzusehen, einen unglaublichen Vorteil.

Deswegen hat wohl jeder Mensch lieber Geld als zwanzig Autos auf dem Hof. Dieses Geld mit Durchhaltekosten zu belasten, das sind die verschiedenen Modelle von Schwundgeld. Es gibt ganz viele, ich kann das ja noch mal sagen, über dreißig im Moment. Die Hauptidee ist, dass man Geld hat, wo man jährlich eine Marke draufkleben muss, die etwa ein Prozent des Nennwertes beträgt. Es geht aber auch anders. Man kann auch Geld nehmen, was immer zu Anfang und zum Ende des Jahres entwertet wird oder um einen Teil entwertet wird. Das sind dann rein technische Sachen, die dann jede der verschiedenen Kommunen, die das gemacht haben, Wörgl oder Berliner Kreuzer oder was es da alles gibt, sag ich alles noch genauer. Jeder hat da eine andere Idee. Dann sollte also jeder, der Geld hat, versuchen, das so schnell wie möglich wieder loszuwerden, damit er nicht die Marke draufkleben muss. An sich ist das langweilig und falsch, denn so kann ich natürlich den Kapitalismus nicht bekämpfen. Es ist nicht das Geld, was das Schlimme am Kapitalismus ist, sondern es ist natürlich die Tatsache, dass hinter dem Eigentum an Produktionsmitteln verschiedene Klassen stehen. Die Klassen sind sogar danach definiert, ob sie Produktionsmittelbesitzer sind oder ob sie ihre Arbeitskraft verkaufen müssen, und dazwischen wir alle anderen, Sozialhilfeempfänger, Lehrer, Rentner usw., die aber alle von dem Mehrwert, den die arbeitende Klasse erzeugt, bezahlt werden. Dieser negative Zins, der sollte unmerklich und ohne Revolution dazu führen, dass die Bourgeoisie so langsam ihr ganzes Geld los wird bzw. es nicht mehr in Kapital verwandelt wird. Ich kenne einen reichen Erben aus Kreuzberg, dem das taz-Haus gehört, der hat sich überlegt, so wie Reemtsma, was mache ich jetzt, ich habe ein paar Millionen geerbt.

Was mache ich jetzt damit? Ich bin Linker, ich kann das nicht auf die Bank bringen, da wird es ja wieder Kapital, denn die Bank investiert das und es wird wieder eingesetzt irgendwo auf der Welt, damit Menschen dafür arbeiten und der Bank dafür Zinsen geben und ich kriege etwas davon ab. Nein, ich will mein Geld – wegschmeißen nützt auch nichts, dann findet es jemand und verwandelt es wieder in Kapital. Also die Frage, wie kann ich Geld behandeln, dass es nicht Kapital wird, also keine Zinsen heckt, niemanden ausbeutet, das ist wirklich eine ganz gewaltige Frage. Da könnt ihr mal darüber nachdenken, was ihr machen würdet, wenn ihr hundert Millionen hättet wie Flick und ihr dürftet nicht Zinsen nehmen dafür. Wo man das Geld lässt. Das ist wirklich ein Problem, also für wenige Menschen auf dieser Welt, aber man wird natürlich, falls wir mal wieder eine revolutionäre Situation erleben, solche Diskussionen haben, wenn ein netter Herr wie der Herr Werner vom dm-Markt sagt, wieso, ich bin doch ein guter

Kapitalist, mein Geld nützt doch nur allen, warum soll ich das denn abgeben? Ja, wer hat dann die Argumente, ihm zu sagen, dass es darum nicht geht, ob er ein guter Kapitalist ist, sondern dass es darum geht, das Kapital insgesamt abzuschaffen oder zu verwandeln oder in Gemeineigentum überzuführen, egal ob das nun Arbeitskollektive, Staatseigentum oder jugoslawische Produktionsbrigaden sind, auf jeden Fall, dass nicht mehr der eigene Privatmensch darüber entscheiden und auch nicht mehr die Gewinne einnehmen kann, die dann wieder zu Krisen führen. Gut, das ist die Freiwirtschaft, der negative Zins. Sagen wir mal, wenn's klappen würde, wäre es natürlich toll, aber, wenn ich hier mal kurz zitieren darf. Selbst mein großer Anarcho Klaus Schmitt hat sich schon selber ins Bein geschossen, weil er sagt, wie es dann wirklich sein wird:

> Mit Silvio Gesells Freigeld wäre entsprechend den Zielsetzungen Proudhons Gesells und Keynes Rentner sanft verschieden. – [Mit Rentner ist der zinsheckende Kapitalist jetzt gemeint.] – Was übrig bleibt, ist die Bodenrente, die umverteilt werden muss, als Rente an die Kinder bzw. als Mutterlohn an die Betreuer der Kinder, wie sie Gesell fordert. Selbstverständlich ist dieser Zustand der Freiwirtschaft, das heißt der vom Kapitalismus befreiten Marktwirtschaft, nicht schlagartig mit der Einführung des Freigeldes hergestellt, doch die ungestörte Entwicklung zur Vollinvestition und damit zur Überwindung des Kapitalismus wäre eingeleitet. Allerdings muss auch das Problem des bereits akkumulierten Geldes und der nun einmal vorhandenen Kapitalkonzentration gelöst werden. [Allerdings!] Zwar sind diese Vermögen entkapitalisiert und wachsen nicht mehr durch Zinseszinsakkumulation, doch sie vermögen noch einiges in Wirtschaft und Politik. Ihre monopolistische und oligopolitische Macht kann meines Erachtens nur durch Enteignung, Dezentralisierung und Umverteilung gebrochen werden.

Aber wer soll das machen? Dann haben wir genau die Situation, wo man soziale Kräfte braucht, also Klassen, die das auch machen. Da kann ich so viel fordern, wie ich will, solange der Tag lang ist, wenn niemand, keine soziale Kraft, da ist, die das durchsetzen kann gegen den sicher gewaltigen Widerstand der Kapitaleigentümer. Und deswegen halte ich eben diesen ganzen negativen Zins für zwar eine schöne Idee, aber im gesellschaftlichen Kräfteverhältnis kann ich nur sagen, ich brauche genauso viel politische Agitation und Organisation, Bewaffnung der Arbeiter, Leute, die die Banken kontrollieren und übernehmen, Einsperren der Großkapitalisten im Zoo in der Abteilung „Der ausgestorbene Mensch" – alles das wie bei einer richtigen Revolution. Also dann kann ich auch gleich dafür sorgen, dass die Kapitalwirkung weggenommen wird und der Kapitalist wie alle anderen arbeiten geht, und dann darf er ja wieder sparen und kann machen, was er will nach Marx, nicht? Wenn ich morgens arbeiten gehe, dann darf ich am Nachmittag auch Philosoph, Politiker oder Sparer sein. So, das war die Freiwirtschaft.

Das Freigeld, damit ist also diese Schwundgeld gemeint. Ich finde das einen grauenhaften Namen, aber so heißt es nun mal überall. Dieses Schwundgeld wird auch bei all diesen Kommunen und Tauschringen usw. benutzt. Ich weiß nicht genau warum, denn es könnte ja auch funktionieren, ohne dass dieses Geld immer entwertet wird. Das Beispiel, was ich gleich vortragen werde, die nehmen diesen Teil, also 3 % sind's im Jahr, die man daraufkleben muss, das ist der Chiemgauer in Bayern, der sehr gut funktioniert, die haben fünf Millionen Umsatz. Dort nehmen sie das, damit sie damit Vereine finanzieren können, Schulturnhallen aufbauen können, also etwas Gutes tun können, aber ich meine, das macht Lotto auch, und zwar noch in viel größerem Maße. Also mit derselben Argumentation könnte ich Leute dazu kriegen, eine Lotterie zusammen aufzunehmen. Es bleibt mir persönlich ein bisschen verschlossen, warum ich meinem Geld immer Geld nachschießen soll, aber das soll eben dazu dienen, damit keiner das Geld hortet. Auch das ist mir persönlich verschlossen. Ich hatte noch nie im Leben ein Sparbuch, also das sind menschliche Probleme, wo ich nicht weiß, wieso man sich darüber so viele Gedanken machen muss.

Aber, ich habe gerade jetzt im Karin Kramer Verlag ein Buch mitveröffentlicht, das heißt „Die rabenschwarze Pädagogik", über Prügelerfahrung von Menschen meines Jahrgangs in vielen, vielen Städten, was ein grauenhaftes Werk geworden ist, und ein Aufsatz ist auch von mir, weil ich auch in unserm schönen Lübeck durchaus Situationen erlebt habe, die der Folter nahekommen, etwa von Lothar Fauth zusammengetreten, weil ich Plakate geklebt habe usw., und dann mache ich mir ein paar theoretische Gedanken, wie man das verhindern könnte. Ich fordere erst einmal richtige Kinderpolizei, Kinderräte, Leute, vor denen die Prügler Angst haben, weil sonst Kinder immer die Schwächeren sind. Es gibt einen sehr schönen Vorschlag zur Lösung der Kinderfrage, der mir als geprügeltem Kind stets sehr gut gefallen hat. Er stammt aus anarchistischen Kreisen von dem Erfinder der reziproken Zinstheorie und Freiwirtschaftler der Münchner Räterepublik Silvio Gesell. In Anlehnung an Marx hatte Gesell eingesehen, dass sich die Kapitalistenklasse in verschiedene Gruppen teilt. Da gibt es die Fabrik- und Produktionsleiter, die selbst noch aktiv sind, also Manager und Strategen, es gibt dann die ökonomisch überflüssigen Ehefrauen und Familienangehörigen, es gibt die reinen Nutznießer des Profits, die nicht arbeiten, sondern nur ihr Vermögen verwalten und das für produktive Arbeit halten. Dann gibt es die wachsende Klasse des Finanzkapitals, die von den Zinsen lebt, die in immer größer werdenden Anteilen in allen Warenpreisen versteckt sind. Mit Abschaffung der progressiven Zinsen und Zinseszinsen würde sich der Kapitalismus bald von selbst abschaffen, meinte Gesell.

Neben diesem leicht zu widerlegenden Schwundgeldargument, weil der Zins eben nur Teil des Profits ist und kein eigener Profit, hatte Gesell aber auch eine Idee, die mir als geprügeltem Kind stets überaus sympathisch war, seit ich sie vernommen habe. Ein Teil des Einkommens der Kapitalisten stammt aus der Grundrente. Da der Boden eines gegebenen Wirtschaftsgebietes nicht endlos zu vermehren ist, ist es prinzipiell ungerecht, wenn es nur einigen wenigen gehören soll, die ihn sich in der Vergangenheit angeeignet haben oder aktuell genug

Wirtschaftskraft haben, um Boden zu kaufen. Die gesamte Bodenrente sollte den Kindern gehören, weil die ja sowieso die Erben der Erde und der Gegenwart sind. Also solle das Bodeneigentum einen Pool bilden, aus dem jeder nach Maßgabe seiner Wirtschaftskraft Stücke ausleiht oder pachtet, und die Pacht, also die enteignete und umgewandelte Grundrente der Gesellschaft dient für die Kosten der Kinderaufzucht und wird von einer schlanken Behörde zum Wohle der Kinder verwaltet und an die Erziehungsberechtigten gerecht verteilt.

Prima! Damit wäre schon einmal das Problem der Kinderarmut und der unehelichen Kinder gelöst, was für die bürgerlichen Revolutionäre um 1900 wohl ein großes Problem darstellte. Wahrscheinlich wuchsen ihnen die eigenen Alimentekosten allmählich über den Kopf und sie wären gerne ohne moralische Skrupel befreit davon. Aber ich finde, man könnte noch einen Schritt weitergehen und die Aufzugskosten direkt an das Kind binden. Jedes Kind erhält im Monat zum Beispiel 2000 Euro aus der Grundrente und kann sich nun Heime, Eltern, Gruppen suchen, in denen es leben möchte, und dort bringt es seinen Anteil ein. Welche Freude wäre da über jedes neue Familienmitglied und wie würden die Prügeleltern jammern, wenn nun ihre Kinder weglaufen und ihnen das Familieneinkommen nun auch noch entziehen und lieber dahin gehen, wo sie nicht geschlagen werden. Gut, das böte reichlich Stoff für Erpressungen aller Art. „Ich will sofort ein Eis, sonst ziehe ich zu Tante Lina." Aber lieber zuviel Macht in den Händen der Kinder, die ja mit dem Erwachsenwerden ihre Privilegien und ihr Einkommen verlieren, als weiterhin die Macht unausgebildeter, mürrischer und liebloser, zufälliger Eltern über ihre Kinder. Vor allem würde das auch die Macht der schlechten Schulen brechen, denn da würde ja dasselbe gelten. Die Kinder lernen, was ihnen Spaß macht und werden glückliche, lebensfrohe, ungezwungene Erwachsene. Das klingt alles idealistisch und utopisch, ist aber nicht weniger logisch als das derzeit breit diskutierte Grundeinkommen oder die freiwirtschaftliche Schwundgeldidee. Natürlich wäre das Kapital dagegen, aber für die Kinder würde es eine goldene Zukunft bedeuten.

Um es zusammenzufassen, FFF, Freiwirtschaft, negativer Zins, um das Kapital langsam, unmerklich und ohne Revolution abzuschaffen. Freigeld ist Schwundgeld in verschiedenen Formen, also Geld, was mit Durchhaltekosten belastet wird wie Äpfel, wie jede andere Ware auch, und Freiland heißt, dass der Grund und Boden allen gehört. Niemand hat Privatbesitz an Grund und Boden, sondern er wird zu Mutterrente oder Kinderrente verwendet. Das ist natürlich ein unglaublich toller humanistischer Gedanke, um zu verhindern, dass Mütter hässliche Männer heiraten müssen, die sich nicht lieben. Also da habe ich gesagt, Gesell, mein Lieber, Hut ab! Dieses Problem, dass die Gesellschaft so geartet ist, dass immer noch Millionen von Frauen gezwungen sind, zu Ehehuren zu werden, also einem Mann, der das Einkommen hat, sexuell zu Willen zu sein, auch wenn sie gar keine Lust haben, das ist, glaube ich, ein Problem, was in der Gesellschaft noch viel zu wenig diskutiert wird, und da hat Gesell sehr tolle utopische Texte darüber geschrieben. Also er besucht zum Beispiel so eine Frauenkommune, da erzählt dann eine, ja also manchmal ist das schon blöd, dass ich den jungen Mann, der mir gefällt, nach der Geburt des Kindes wieder abschaffen muss, aber es laufen ja so viele herum, und jetzt hatte ich einen „Neger", wie Gesell sagt, also einen Schwarzen, und jetzt will ich auch noch von einem Vietnamesen ein Kind, und ich habe mir ausgerechnet, unter sieben Kindern geht das nicht, aber Gott sei Dank gibt es ja die Mutterrente. Das sind eigentlich schöne Gedanken, die einem zumindest mal klarmachen, was in dieser Gesellschaft alles nicht in Ordnung ist.

So, das waren die drei „F", die berühmten drei „F".

Jetzt kommen wir zu dem, was von Silvio Gesell geblieben ist. Ganz komischerweise, das sind ja oft so morphische Felder, so nennt man das, ich beschäftige mich mit einem Thema, mache den Briefkasten auf und da ist es. Das ist die „National Geographic" von diesem Monat, ich reiche sie mal herum. Also das ist ja ein ganz buntes amerikanisches Blatt mit vielen Bildern, aber ich liebe diese Bilder, weil ich nicht verreisen mag, und ich liebe die Gegenden mit Schlangen und Moskitos, würde aber ums Verrecken da nicht hinfahren wollen, und wenn Fotografen mir die Arbeit abnehmen, finde ich das natürlich klasse. Da gibt es jetzt eine neue Serie, die heißt „Das gute Beispiel", und da ist der Chiemgauer auf drei Seiten, und schaut mal, hier ist der Chef der Chiemgauer, der nur mit Chiemgauern bezahlt. Habe sofort auf die Schuhe geguckt, die kosten mindestens 300 Euro. Den Laden möchte ich mal sehen, der ihm das nur für Chiemgauer gibt! Das ist eine dieser Tauschgeldwährungen, wie ich gleich erläutern werde, die berühmteste.

Also, was bleibt von Gesell? Erstens, es gibt einzelne Siedlungen wie Eden, und am Bodensee haben wir noch welche, und die machen Klein-Klein, von denen hört man nichts, die haben auch keine revolutionäre Wirkung in die Gesellschaft mehr, also die versuchen nicht, wie noch in den 20er Jahren zu sagen, ey, wir machen das toll, macht mal mit. Also die sind ein bisschen verspießert, Eden auf jeden Fall. Aber man kann es immer noch sehen, man kriegt einen Eindruck, was da los ist, und es ist interessant, dass sich immer solche Reste erhalten.

Dann gibt es Vereine, die Freiwirtschaft fordern, und es gibt Parteien, die Freie Soziale Union gab es vor Jahren noch einmal, treten wenig zu Wahlen an, aber es gibt sie noch, sie sind noch zugelassen. Es gibt auch noch Verlage, die Silvio-Gesell-Bücher herausgeben. Die normalen sind ganz dick; dies ist hier nur so eine kleine Broschüre. Das bleibt.

Dann die Idee der Tauschbanken. Das ist ja schon von Proudhon, darüber schreibt Marx schon, das ist ja uralt. Da werdet ihr staunen, das ist einer der großen Zweige der Weltwirtschaft, das sind die Barterbanken. Barter sind die Banken, die überständige Produktionsteile tauschen, ohne den Weg über Bargeld, sondern es gibt dann Barteragenturen, da wird dann gewechselt. Ich habe

1500 Kessel übrig, dafür kriege ich ein Jahr Blumen aus Holland, und das tausche ich dann wieder mit russischem Gold, keine Ahnung, man müsste jetzt so einen Barterbankier da haben. Es gab schon in den 80er Jahren über 100.000 zum Teil große Firmen, die in diesen Barteragenturen oder an diesen Barterbanken beteiligt waren. Man hört es kaum, weil es so ganz geräuschlos geht, aber es funktioniert. Aber es ist natürlich nicht wertschöpfend, man tauscht nur das, was man übrig hat, man produziert nicht dafür, aber immerhin, das ist ein nicht zu unterschätzender Teil der Weltwirtschaft. Wenn ihr mal in einen Teil der Frankfurter Allgemeinen guckt, unter Barter, also manchmal findet man da etwas. Es ändert auch nicht die Welt, aber es sind Spuren, die diese Art der Freiwirtschaft hinterlassen hat.

Dann das dritte ist Keynes. Keynes steht sehr auf Gesell. Es ist ja Maynard Keynes, dem wir unser modernes Weltwährungssystem verdanken, der in Bretton Woods 1944, als das neu verhandelt werden sollte, wie man jetzt die kapitalistische Weltwirtschaft regelt, den Vorschlag gemacht hatte, so etwas Ähnliches wie dieses Schwundgeld einzuführen. Geblieben sind dann die Tranchen, also dass jede Volkswirtschaft einen Teil am Vermögen des Weltwährungsfonds hat und nach den Tranchen abstimmen kann. Wer mehr will, also wenn China jetzt den Vorsitz beim IWF hat, muss es einfach mehr Geld einzahlen und dann hat es mehr Stimmen. Das sind noch alte Ideen, die Keynes damals eingebracht hat. Ansonsten sind natürlich diese Sachen, die in Bretton Woods beschlossen worden sind, auch ganz gegen Keynes. Wenn man immer sagt, das ist von Keynes, das stimmt nicht so ganz, sondern da haben sich schon die Interessen der amerikanischen Banken durchgesetzt. Wie man jetzt heute sieht, Griechenland und überall, die achten schön darauf, wo Barthel den Most holt und dass sie ihre Zinsen für die ausgegebenen Papiere wiederkriegen. Das ist ja gerade das, was Gesell verhindern wollte.

So, und dann gibt es allüberall Tauschringe, in fast jeder Stadt und Gemeinde, glaube ich, mittlerweile, wo dann, also, ich sage es einmal ein bisschen zynisch, wo Leute, die nichts mehr zu tun haben, ihren Kuchen backen und ihre Nachbarn einladen und dafür dann so einen Schein bekommen und den sie für Geld halten. Ich muss es so zynisch sagen, ich war selber zehn Jahre lang Mitglied im Kreuzer in Berlin Kreuzberg. Das war auch ein Tauschring, den gibt's auch noch, hat große theoretische Treffen gemacht. Es war viel zu klein, die Qualität der angebotenen Sachen war vollkommen mies. Also ich habe immer Leute in meine Show gelassen und sie konnten als Spende fünf Kreuzer geben oder zehn, je nachdem, wie es ihnen gefallen hat. Und wenn nicht, dann gaben sie auch gar nichts. Auf die Weise bin ich zu einer ganz erklecklichen Kreuzer-Summe gekommen. Dafür habe ich mir einmal das Gesamtwerk von Erich Fromm eingetauscht. Da sage ich noch heute, das war gut. Dann habe ich einen jungen Mann bestellt aus diesem großen Angebotsteil, der mir meinen Wasserhahn in Ordnung bringen sollte. Der tropft heute noch, also der hat den vollkommen kaputt gemacht, und es gab keine Stelle, wo man in Regress gehen konnte. Wenn ich einen Handwerker bestelle, dann gehe ich zur Handwerkskammer und sage, hier, der hat Mist gebaut. Aber das gibt es da nicht. Also es ist insofern aus dem normalen Wirtschaftsgefüge heraus, und damit funktioniert schon mal ein Großteil nicht. Für schwierige Handwerkssachen kann ich mir gar keinen holen, weil ich nicht sicher bin, dass das auch gemacht wird. Der Höhepunkt war, da wollte ich eine Dame bestellen, die mir hilft, die Wohnung zu malen, und die wollte dann noch mal dasselbe Geld in Euro draufhaben. Das heißt, für die war der Tauschring nur ein Trick, um an neue Schwarzarbeitskunden zu kommen, und da habe ich gesagt, das ist alles Betrug und ich habe nichts davon. Dann kam noch das Schöne, als ich dann ausgetreten bin, musste ich für vier Jahre die Gebühr in Euro nachbezahlen, das waren also 48 Euro. Das ist für einen Sozialhilfeempfänger über 10 % des Einkommens. Also das war für mich eine volle Pleite, was aber nicht heißt, dass es nicht Tauschringe gibt, die gut funktionieren und die mehr sind als Nachbarschaftshilfe. Das will ich gar nicht ausschließen. Ich kenne nur keine.

Ein sehr interessantes Phänomen ist, die Währung heißt dann nicht Geld, sondern Kreuzer. Die wurde beim Kreuzberger Tauschring immer nur virtuell verbucht, also die existierte auch nicht als Geld, sondern nur im Computer der Verwaltungsstelle, wo drei Ein-Euro-Jobber, die mit Euro vom Amt bezahlt wurden, das Ganze gemanagt haben. Also ihr seht, ich mochte diese Organisation nicht. Aber es gab eine andere Geschichte in Berlin-Mitte von dem etwas bekannteren Künstler Bernd Papenfuß und anderen. Die haben berühmte Künstler dafür gewonnen, Geldscheine zu entwerfen, die wirklich schön waren, und da ist der Effekt, dass über die Hälfte der Geldscheine verschwunden sind. Also, die haben die lieber zu Hause an die Wand gehängt im schönen Rahmen, als eine Marke draufzukleben. Da war also ein totaler Schwund an Schwundgeld.

Aber das ist etwas, was von den Ideen Silvio Gesells übrig geblieben ist. Vielleicht kommt ja auch mal was dabei heraus. Die machen dauernd Tagungen und versuchen, sich zusammenzuschließen, aber ich würde mal so ungeschützt locker dahinsagen: Wer gar keine Revolution machen will, der kriegt auch das ganz Einfache nicht. Man muss also schon irgendwie ein Druckpotenzial aufbauen und sagen, wir sind aber gefährlich, sonst kriege ich nicht mal das Kleine, was ich da will, nämlich in Ruhe gelassen werden, weil es ja verboten ist. Es steht im Gesetz, Geld kann nur die Bundesbank herausgeben, und jeder, der Geld herausbringt, kriegt drei Jahre Knast, also die sind eigentlich alle am Rande der Strafbarkeit.

Und was noch geblieben ist, ist natürlich die Diskussion über das Grundeinkommen, aber wie gesagt, an der anderen genau gespiegelt. Es gibt dann aber über dreißig von diesen Gutscheinwährungen, die regional funktionieren. Nicht in Städten, da geht es offenbar nicht, sondern da sind Bauern mit dabei, Weber,

Leute, die Dinge produzieren. Das ist ganz wichtig. Ich muss entweder ein Amt haben, was immer die Sozialhilfe reinpumpt oder ich muss jemanden haben, der Dinge produziert. Weil immer nur Kuchenbacken gegen Kinderaufpassen tauschen, ist zwar irgendwie auch eine wirtschaftliche Tätigkeit, aber letzten Endes vollkommen bedeutungslos. Das kann ich auch ohne Tauschgeld machen. Aber diese über dreißig Tauschringe, die es gibt, von denen der Chiemgauer der größte ist, fünf Millionen Umsatz, das ist schon allerhand, wenn die beschließen, so, ab morgen machen wir den Laden dicht, dann ist die ganze Region erst einmal in Aufruhr.

So, aber jetzt kommen drei Dinge, die man unbedingt historisch behalten sollte, die wirkliche Knaller waren. Das waren Wörgl, Mörfelden-Walldorf und Eden.

Das Projekt „Wörgl 1930 hatte Riesenausmaße. Wörgl ist die erste Gemeinde auf dem Wege von Innsbruck nach Italien, gleich an der Autobahn links, da gibt es heute noch eine blühende Gemeinde, und in der großen Krise, wo auch in Österreich Inflation war und die Leute arm waren, ist man in Wörgl folgenden Weg gegangen – natürlich hat der Gemeinderat das mit Mehrheit beschlossen, es ging alles demokratisch: Sie nehmen einen großen Kredit auf bei der örtlichen Raiffeisenbank, und dieser Kredit wird umgewandelt in Arbeitsscheine, und von dem wirklichen Geld, was dann da ist, wird Arbeitsmaterial gekauft. Für die Arbeitsscheine nehme ich die Arbeitslosen und bringe sie mit dem gekauften Material, mit den Baumstämmen zusammen, und es gab binnen einem Jahr eine riesige blühende Wirtschaft. Also, die Kanalisation wurde gebaut, es gibt einen Bericht darüber, was in Wörgl in dieser kurzen Zeit alles geschafft wurde. Ist ja klar, alle Leute, die arbeitslos waren, konnte man für kleine Arbeiten heranholen. Das ist schon eine ganz andere gewaltige Kraft als diese doofen Ein-Euro-Jobs, wo die Leute, nun mal ehrlich unter uns gesagt, keine Lust haben zu arbeiten, weil das Geld viel zu wenig ist. Aber wenn ich statt einem Euro, einem richtig normalen Lohn, nur eben mit diesen Scheinen bekomme, ich kann aber im örtlichen Kaufhaus meine Lebensmittel genau im Wert dieser Scheine bekommen, dann ist das schon etwas anderes. Dann ist das sowohl für die Arbeitenden eine große Sache, und es ist für die Gemeinde was ganz Tolles, die plötzlich ihre notwendigen Arbeiten machen kann.

Also, ich würde sagen, was das Empire State Building unter den Häusern, das ist Wörgl unter den Tauschringaktionen oder den Tauschgeschäften. Da gibt's auch viele Bücher darüber. – Das Gemeinsame ist, dass ich meine Arbeitszeit gegen einen Arbeitswertschein eintausche, und dann ist die große Frage, es gibt doch sofort Krach, wenn der Professor auch etwas haben will. Ja, das ist eben das Fortschrittliche. In all diesen Versuchen ist das Gemeinsame, es wird Lebenszeit gegen Lebenszeit getauscht. Also, der Professor kriegt zehn Kreuzer, oder ich weiß nicht, wie es in Wörgl hieß, und der Arbeiter, der Hilfsarbeiter kriegt auch zehn, weil das Leben beider gleich lang ist bzw. gleich viel wert ist. Hier beim

Chiemgauer muss man auch wieder eine Marke daraufkleben, und das war ja Gesells Grundidee. Das Argument war, dass die heute existierenden Tauschringe sich zum großen Teil an den Euro binden und damit natürlich kein Gegengewicht zu Währungsschwankungen und all den Dingen bilden, die Silvio Gesell damit ja wollte. Er wollte einen festen Arbeitslohn, der immer gleich bleibt und nicht in die Millionen steigt, wenn die Inflation stattfindet. Diese Idee des Tauschringes oder der Tauschbanken oder der Regionalwirtschaft, das hat alles eine Quelle, das ist nämlich die Quelle, dass ich mich abkoppele, wenn auch nur scheinbar, meinetwegen, dass ich mich abkoppele von der normalen Geld-Bank-Zins-Wirtschaft, also ich zahle keine positiven Zinsen, das ist das Erste. Das Zweite, ich habe mein eigenes Geld oder meine eigenen Gutscheine, egal, wie man es dann nennt. Und das Dritte, ich kann meine Leute so beschäftigen, weil ich das ja selber so drucken darf und kann. Das Hauptproblem für alle ist: Wo kriege ich das her, was dann verarbeitet wird?

Deswegen ist das zweite Beispiel mir persönlich viel lieber: die rote Kommune Mörfelden. Das ist eine Schrift aus dem Jahre 1932, aus der Zeit, wo die Sozialfaschismusthese aus der KPD heraus eine große Rolle spielte. [Nach dieser Theorie setzte die KPD Nazis und Sozialdemokraten auf eine Stufe.] Deswegen sind die ersten drei Seiten eine reine Hetze gegen die Sozialfaschisten, was überhaupt gar keinen sittlichen Nährwert hat. Und dann kommt die Geschichte von Mörfelden. Ihr kennt Mörfelden alle, das ist die Gemeinde bei Frankfurt, wo jetzt vor zehn Jahren bei den großen Auseinandersetzungen um die Startbahn zwei Polizisten, sagen wir einmal, durch verirrte Kugeln unglücklich zu Tode gekommen sind. Die Staatsanwaltschaft drückt's etwas anders aus, also eine Kommune, die seit siebzig Jahren einen Haufen wilder Menschen in sich leben hat. Und dies ist mir zufällig in die Hände gekommen, weil dies bei den Freiwirtschaftlern immer gar nicht erwähnt wird. Diese Mörfeldener haben einen kommunistischen Bürgermeister gewählt, mitten in der Krisenzeit, 1932, mit sechs Millionen Arbeitslosen überall und in Mörfelden natürlich auch, die Zahlen stehen hier drin, jedenfalls war große Not und Elend, und der kommunistische Gemeinderat hat gesagt, wir lassen unsere Leute nicht verhungern, das gibt es nicht. Die Überweisungen von der Zentralbank für die Sozialhilfe kommen aufs Gemeindekonto. Dafür kaufen wir Holz und Arbeitsmittel, und unsere Arbeitslosen werden für normalen Arbeitslohn mit Mörfeldengeld bezahlt und werden dafür eingesetzt. Hat wunderbar geklappt, tolle Aktion, und die wurden auch gleich ideologisch geschult gegen Geld, mussten sich also nicht in der Freizeit Marx und Engels anhören, sondern kriegten in der Zeit Geld dafür. Was passierte? Man glaubt es nicht! Die Reichswehr ist einmarschiert, hat den Bürgermeister verhaftet und die Arbeitslosen gezwungen, wieder diese lächerlichen Gelder vom Sozialamt anzunehmen, und das Mörfelder-Geld wurde auf einem großen Haufen verbrannt, und die Erinnerung daran ist soweit untergegangen, dass dieses wahre Heldenstück der Freiwirtschaft nicht mal mehr in Freiwirtschaftskreisen bekannt ist, weil es eben Kommunisten gemacht haben. Die mögen sie nicht. Gut, das war auch kein Erfolg, aber man hat das zumindest mal mit der Radikalität vertreten, dass man sagt, ja, was passiert denn, wenn ich jetzt wirklich damit was ändern will, gibt's eben genau den Kampf und Krach, den ich sowieso dann bei der Änderung der Gesellschaft habe. Also dem kann ich nicht entgehen.

Zwei Sachen noch zu Eden. Jetzt kommt also die Frage nach Horst Blume, den kennt ihr ja alle, unseren Genossen von der Graswurzelrevolution. Der hat einmal ein Seminar gemacht zur Freiwirtschaft, wo er meinte, dass Silvio Gesell doch ein richtiger Faschist ist. Also die oberflächlichen Dinge sind ganz deutlich: Bei der Werbung für Eden wimmelt es von Hakenkreuzen. Hier sind ein paar Teile abgedruckt, hier ist die Werbung, also da kann man sehen: „Nur arische Mitbewohner", „Macht freie Liebe zur Hochrüstung ...", nicht der Art, der Aufnordung, das sagen die Nazis, sondern zur Hochrüstung, „damit die Menschheit verbessert wird", sagt er. Das ist alles genau wie bei den Nazis, nur nicht so böse, will ich mal sagen. Also, Juden dürfen da nicht einziehen, man muss arischen Blutes sein, aber es gibt viele Ausnahmen. Es gibt Freie-Liebe-Räume, aber natürlich auch die Familienbildung. Es gibt diese Hakenkreuze. Dann gibt es diese Sache, die, wie ich vorhin mit Marx gesagt habe, eigentlich ganz vernünftig ist, das Kapital, was Waren produziert oder Waren schafft – ich nähere mich so langsam dem fürchterlichen Wort –, und es gibt das Finanzkapital, was im Grunde nichts mehr schafft, sondern nur noch Zinsen rafft, was dann im wirtschaftspolitischen Programm von Gottfried Feder der NSDAP zu dem berühmten Satz ging, für das schaffende, gegen das raffende Kapital. Und diese Wahnidee, das haben noch Leute beim World Trade Center vor zehn Jahren gesagt: „Das war ja ein Angriff gegen das raffende Kapital", weil das natürlich eine Hochburg des Finanzkapitals war, 4000 Angestellte der Deutschen Bank, die den ganzen Tag nichts weiter machen, als die Investitionsströme um die armen Länder herumzulenken. Das ist schon ein gutes Ziel gewesen, aber diese Unterscheidung ist natürlich Blödsinn. Es gibt nicht schaffendes und raffendes Kapital. Der einzelne Kapitalist, der eine tolle Idee hat, eine Fabrik aufbaut und dann Gewinne macht, wird ganz schnell zum raffenden Kapitalisten, der es auf die Bank bringt oder indem er es in eine Aktiengesellschaft verwandelt und dann aus dem Geld wieder Zinsen zieht. Es gibt auch nicht den Unterschied zwischen schaffendem und raffendem Kapital andersrum, weil der Reichtum der Gesellschaft nur aus der Arbeit kommen kann, das heißt, die Banken können überhaupt nur Zinsen bekommen, wenn sie Geld irgendwo investieren, wo gearbeitet wird am Ende, und sei es in irgendeinem Sweat-Shop in China. Nur dadurch, dass ich Geld irgendwohin bringe, vermehrt sich das Geld nicht. Das ist nur die äußere Chimäre. In Wirklichkeit steht am Ende immer irgendwo ein Arbeitsprozess, in dem Mehrwert erzeugt wird und in dem die Ware Arbeitskraft das tut, was sie soll, nämlich mehr erzeugen, als sie kostet. Also, da fällt Gesell total auf seine eigene Chimäre herein, und man kann's andersrum sagen, wie blöd die Nazis gewesen sind, dass sie ihm das abgekauft haben und sozusagen seinen friedlichen Versuch, den Kapitalismus zu beseitigen, ins Programm hereingeschrieben haben, nämlich unter der – jetzt kommt's – berühmten Parole: Brechung der Zinsknechtschaft. Das ist Gottfried Feder, Hitler, das ist Gesell pur. Das ist der wesentliche Inhalt seiner Idee. Wir sind alle Sklaven des Zinses, wenn's den Zins und Zinseszins nicht gäbe, wären die Mieten billiger, wären die Preise billiger, weil überall Zinsen drin sind, logischerweise, weil der Zins natürlich eine Form ist, in der ein Teil der Kapitalistenklasse am Mehrwert beteiligt wird, genau wie die Bodenrente, wo ein anderer Teil am Mehrwert beteiligt wird usw. Das kann man noch beliebig mikroskopisch aufteilen. Da muss man sagen, ist die Verbindung zur faschistischen Ideologie also ganz offenkundig. Ich zitiere noch zum Abschluss doch zum Ausgleich einen auch etwas umstrittenen Menschen, der das Vorwort zu diesem Buch von Herrn Schmitt geschrieben hat. Das ist der Günter Bartsch, aber trotzdem ist die Idee, die er beschreibt, ganz okay zur Trennung, ob Silvio Gesell ein Faschist ist.

> Faschismus ist Staatsverfassung, Gesell ist für den Abbau des Staates. Faschismus bedeutet Führerschaft, während Gesell die Volksherrschaft will. Faschismus zerschlägt die Organisation der Arbeiter, denen Gesell den Weg zur Befreiung der Arbeiter zeigen möchte. Gesell ist zwar für die Fortzucht des Menschengeschlechts, aber keineswegs im Sinne einer Rassentheorie, welche die Völker in höherwertige und minderwertige einteilt, wie das später beim Nationalsozialismus der Fall sein wird. Auf dem Freiland eines jeden Landes können sich Menschen aller Hautfarben, „ob gelb, weiß, rot oder schwarz", gleichberechtigt ansiedeln. Natürlich auch Juden, die nach Wegfall jeglicher Beschneidung ihrer Rechte von ihrem Ghettodasein erlöst sein werden. Die künftigen Freilandfrauen sollen sich aus sämtlichen Rassen jene Partner auswählen, mit denen gesunde, lebensfrohe und schöne Kinder am wahrscheinlichsten sind, wozu im Voraus empfohlen wird, ihren Männerwahlkreis auf die ganze Welt auszudehnen.

Also gut, das ist wirklich nicht faschistisch. Aber, sagen wir mal, Gesell ist ja zu früh gestorben, als dass wir ihn noch auf die Nagelprobe stellen können, und wir enden dann doch mit Erich Mühsam, der sagt, das war ein Großer, an den wir denken sollen, wenn wir mal in Richtung Kommunismus marschieren, wo die Abschaffung des Geldes ja möglicherweise eine Rolle spielt. Obwohl nach alldem, womit ich mich beschäftigt habe, ich der Meinung bin, das Geld ist gar nicht das Schlimmste. Das Schlimme ist der Moment, wo das Geld sich in Machtmittel und Kapital verwandelt.

(Mitschnitt des frei gehaltenen Vortrags)

Therese Chromik

Franziska zu Reventlow: Der Geldkomplex.
Meinen Gläubigern zugeeignet

Franziska zu Reventlow ist eine bemerkenswerte Persönlichkeit im Bekannten- und Freundeskreis von Erich Mühsam. Die geistige und weltanschauliche Schnittmenge in ihrer Beziehung sehe ich am deutlichsten in dem Freiheitsstreben. Ohne politisch ausgerichtet zu sein und sich mit den Emanzipationsbemühungen der Frauenrechtlerinnen zu identifizieren, verkörperte Franziska zu Reventlow diese Bestrebungen und entsprach dem Muster einer erotischen Emanzipation. Erich Mühsam charakterisiert Franziska zu Reventlow in seiner autobiografischen Erzählung „Die Gräfin":

> In die Zukunft gerichtet war ihr Leben, ihr Blick, ihr Denken; sie war ein Mensch, der wusste, was Freiheit bedeutet, ein Mensch ohne Vorurteile, ohne traditionelle Fesseln, ohne Befangenheit vor der Philistrosität der Umwelt. Und sie war ein froher Mensch, dessen Frohsinn aus dem tiefsten Ernst des Charakters kam. Wenn sie lachte, dann lachten der Mund und das ganze Gesicht, dass es eine Freude war, hineinzusehen. Aber die Augen, die großen, tiefblauen Augen, standen ernst und unbewegt mitten zwischen den lachenden Zügen. Die Gräfin war eine schöne Frau, ihr Äußeres von strahlendem Reiz und das Herz erfüllt von der Schönheit des Lebens und von der Schönheit nach einer schönen und freieren Menschenwelt.[1]

Dass sie „trotz Krankheit, Schulden, Pech jeder Art" die Fähigkeit behielt, Glück zu genießen, gerade dies will ihm genial erscheinen und dass sie nicht nur träumte von dem, was Selbstverwirklichung genannt wird, sondern die „Befreiung von Konventionen zur Maxime ihres Handelns machte"[2]. „Ihre größte Kunsttat war denn auch nicht das Malen, auch nicht das Schreiben, sondern ihr Lebensritt auf ungezügelten Gäulen, freistehend"[3], so sagt es Helmut Fritz.

Sie verkörpert so auch das, was Erich Mühsam in seinem „Frauenrecht" fordert:

> Ich sah und sehe in der Ehe als einer gesellschaftlich geschützten Einrichtung die Wurzel persönlichkeitsunterbindenden Zwanges, in der Einschätzung des monogamischen Lebens als Treue die Verfälschung sittlicher Grundbegriffe, in der Anerkennung der geschlechtlichen Eifersucht als berechtigte und zu Ansprüchen berechtigten Empfindung die Förderung schlimmster autoritärer Triebe und in der Gleichsetzung von Liebe und gegenseitiger Überwachung eine die Natur verge-

---

1 Erich Mühsam: Die Gräfin. In: Prosaschriften II, Bd. 2, Berlin 1978, S. 147–155.
2 A.a.O.
3 Helmut Fritz: Die erotische Rebellin. Das Leben der Gräfin zu Reventlow. Frankfurt/M. 1980, S. 99.

waltigende, tief freiheitswidrige und reaktionären Interessen dienende Sklaven-moral.[4]

Für Mühsam „gehörte die Befreiung der Persönlichkeit von den gewaltigen Bindungen des Liebeslebens von jeher als organischer Bestandteil der Befreiung der Menschheit von jedem knechtischen Druck"[5], ersteres gilt auch für Franziska zu Reventlow, wenn auch nicht in politisch bewusstem Streben, sondern nur in der Sehnsucht ganz für sich selbst.

Diese Unabhängigkeit hat ihren Preis in einer Zeit, in der es als Frau schwer ist, unabhängig zu leben und seinen Lebensunterhalt durch eigenen Beruf und erst recht als Künstlerin zu verdienen. Insofern spielen die Finanzen zur Existenzsicherung im Leben der Franziska zu Reventlow eine besondere Rolle. In anarchistischen Kreisen gilt sie als Lebenskünstlerin.

Der Titel „Geldkomplex" legt mit dem Begriff „Komplex" erst einmal nahe, dass es sich um ein Geflecht von Vorstellungen handelt, die unbewusst verdrängt, oft durch Störungen in der frühkindlichen Entwicklung verursacht, auf Handlungen, Denken, Träume, aber auch Neurosen und Zwangsvorstellungen Einfluss haben. Die Tiefenpsychologie versteht unter einem Komplex das sozusagen festgefrorene Ergebnis eines Konflikts zwischen Triebwünschen und Hemmungen. Dem Konflikt wird ausgewichen, er wird nicht gelöst, wirkt im Unbewussten weiter. Im Unbewussten entziehen sich die Regungen der Kontrolle durch den Verstand und der überlegten Entscheidung, doch steuert der Komplex immer noch das Verhalten und Empfinden. Überwinden lässt sich der Komplex nur, wenn alle Seiten des Konflikts überdacht werden und eine freie Entscheidung zwischen Gewährung und bewusstem Verzicht getroffen wird. Sogar eigentlich nebensächliche Erlebnisse können in den individuellen Komplex eingehen. Freud sagt, diese solle man nicht auszurotten versuchen, sondern sich mit ihnen „ins Benehmen setzen", sie soweit gewähren lassen, wie sie auf Grund der Erfahrungen berechtigt sind und sie soweit zu beherrschen versuchen, dass sie keinen Zwang mehr ausüben. Im Traum, in freien Einfällen und Phantasien wirken sie noch gestalterisch mit, wie wir sehen werden.

Theoretisch könnte auch die Erfahrung mit Geld die eine nebensächliche Sache sein, die jemanden von Kindheit an in einen unlösbaren Konflikt zwischen Triebwunsch und auferlegter Hemmung gestürzt hat und ins Unbewusste verdrängt als Komplex weiterwirkt.

In diesem psychologisch klassischen Sinn trifft das bei Franziska nicht zu, ihr Problem ist nicht lösbar durch eine freie neue Entscheidung über den Ausgleich von Triebwunsch und Hemmung, eine Zurücknahme des Wunsches wäre ja ein existentieller Untergang, sie musste ihren Sohn ernähren und sah sich oft am

---

4   Erich Mühsam: Rückblick, Ausblick. In: Prosaschriften II, Bd.2, Berlin 1978, S. 235.
5   a.a.O.

Rande der Existenz, so dass sie alle möglichen Arbeiten annahm, um Geld zu verdienen und zeitweise in der Not auch die Prostitution wählte. Es ist also ein reales und kein psychisches Problem. Allerdings hat sie in der Kindheit auch keine Erfahrung im Umgang mit Geld machen können, sie erinnert sich, dass über Geld nicht gesprochen wurde. Vielleicht ist daher das Phänomen „Geld" für sie etwas Abstraktes, Unfassbares, fast Metaphysisches. Indem sie aber später ihren tatsächlichen Geldmangel und die Sorge, wie der nächste Tag zu überstehen und das Essen zu besorgen sei, im Roman auf die Schiene einer psychischen Krankheit schiebt, die behandelt werden muss, gibt sie zu, dass das Problem bei ihr liegt, schaut sie aus humorvoller Distanz auf ihr Problem. Dadurch macht sie sich zum Subjekt des Geschehens und ist nicht länger nur Objekt. Der Leser findet sich in einer Spannung wieder: belustigt, durch den koketten frechen Plauderton gut unterhalten und zugleich in der mitfühlenden Ahnung der biografischen Hintergrundsituation:

> Eben an jenem Morgen traf ich dann einen mir flüchtig bekannten Nervenarzt, einen „Freudianer". Ich wollte mich unbefangen mit ihm unterhalten, konnte aber aus meinem Gedankengang nicht mehr herauskommen. Er wurde aufmerksam, interessierte sich, tat alle möglichen Fragen, dann blieb er mitten im Wege stehen, sah mich enthusiastisch an und stellte fest: Ich litte an einem schweren Geldkomplex, und den könne man nur durch psychoanalytische Behandlung heilen, die er am liebsten selbst übernehmen wollte. Im weiteren Verlauf des Gesprächs schlug er mir vor, ich solle mich einstweilen in die Anstalt seines väterlichen Freundes, Professor V, begeben, er selbst habe die Absicht, seine Ferien dort zu verbringen, und werde also nachkommen. Dem Professor X möchte ich nur um Gottes Willen nicht von der geplanten Behandlung sagen, denn er sei ein erbitterter Gegner allen Freudianertums. Ich könnte mich ja auf irgendeine fixe Idee hinausreden und ein wenig simulieren.[6]

In diesem lockeren unterhaltsamen Erzählton geht es in diesem Briefroman weiter.

Ein Blick auf die Biografie der Franziska zu Reventlow: Sie wurde am 18.5.1871 im Husumer Schloss geboren und starb mit nur 47 Jahren am 25.7.1918 im Tessin nach einem Fahrradunfall und einer Operation. Sie war das vierte Kind einer geborenen Reichsgräfin zu Rantzau und Ludwigs Graf zu Reventlow, Landrat von Husum. Schon früh leistete sie Widerstand gegen die Erziehung zur „höheren Tochter" und die gängige Sexualmoral. Sie litt unter der strengen und als lieblos empfundenen Mutter und auch darunter, dass ihr nicht die gleichen Erlebnis- und Bildungschancen zugestanden wurden wie ihren Brüdern. Mit 15 Jahren wurde sie in das „Magdalenenstift zu Altenburg" gesteckt, ein Erziehungsheim, speziell für Adelstöchter. Dort wurde sie wegen Aufsässigkeit schließlich von der Anstalt verwiesen. Von Kindheit an wollte sie Künstle-

---

6 Franziska Gräfin zu Reventlow. Der Geldkomplex. In: Sämtliche Werke in fünf Bänden, hg. von Michael Schardt, Oldenburg, 2004, Bd. 2, S. 118.

rin werden und zwar Malerin, was von ihren Eltern als vollkommen unmöglich angesehen wird. Nach der Pensionierung des Vaters zieht die Familie nach Lübeck; hier besucht Franziska z. R. das Lehrerinnenseminar und wird durch ihren Bruder in den Ibsen-Club eingeführt, wo gesellschaftskritische und freigeistige Literatur gelesen wird; dadurch fühlt sie sich in ihrer Kritik an Elternhaus und Gesellschaft bestätigt. Sie kommt zur Auffassung, dass sich Frauenbefreiung am besten in der Erotik verwirklichen lasse. Sie beginnt eine heimliche Beziehung zu Emanuel Fehling, der die Mutter durch das heimliche Öffnen der Briefschatulle in Abwesenheit der Tochter auf die Schliche kommt; so kommt es 1892 zu einem Bruch mit der Familie. Sie wird in ein Pfarrhaus in Adelby gesteckt, wo sie Anstand und Haushalt lernen soll; von dort flieht sie – volljährig geworden – zu Freunden nach Wandsbek, wodurch die Trennung von der Familie endgültig besiegelt wird. Der Vater, der im Begriff ist, sie entmündigen zu lassen, liegt im Sterben; ihn noch einmal vorher zu sehen, wird ihr verwehrt. In Hamburg lernte sie Walter Lübke, einen Gerichtsassessor, kennen; er finanziert ihr ab 1893 das Malstudium in München und heiratet sie 1894. Sie studiert in der Malschule von Anton Azbe, wo auch Kandinski studiert hat, und genießt das freie Leben in der Schwabinger Boheme – bei aller finanziellen Knappheit. Sie lernt dort den Maler Adolf Herstein kennen, liebt ihn, wird schwanger, erleidet eine Fehlgeburt und gesteht dies alles ihrem Ehemann erst mehr als ein Jahr danach. Darauf lässt er sich sofort scheiden, was für sie finanziell natürlich ein Problem ist. Franziska wird erneut schwanger, freut sich auf das Kind und bringt ihren Sohn Rolf 1897 zur Welt. Mit intensiver Übersetzungstätigkeit im Langen-Verlag und mit allen möglichen Berufen bis hin zu gelegentlicher Prostitution versucht sie, ihre Existenz zu sichern. Auch mit Zeitungsartikeln und Erzählungen und Romanen hält sie sich notdürftig über Wasser. Als Lehrerin gelingt es ihr, nach einer Prüfung bei dem berühmten Pädagogen Kerschensteiner, eine Lizenz zu erlangen, ihren Sohn selbst unterrichten zu dürfen, und sie tut dieses sehr gewissenhaft und kreativ. Sie will ihm jede verklemmte sexuelle Erziehung und jeden geistlosen Drill ersparen und ihn aktivieren; heute würde man sagen: handlungsorientiert lernen lassen. – Franziska zu Reventlow lernt viele bekannt gewordene Persönlichkeiten kennen, die sie verehren und später zu ihrem Mythos beitragen; dazu gehört – außer Erich Mühsam – als treuer Freund Ludwig Klages und der Kreis der Kosmiker, zu dem auch Stefan George gehört und der Germanist Karl Wolfskehl. Auch Rilke gehört zu ihren Verehrern. Sie lebt sehr ärmlich, zeitweise geht sie eine Wohngemeinschaft ein, zu der auch ihr Geliebter Bohdan von Suchowski gehört, der dann aber auswandert und ihr dadurch sowohl finanziell als auch persönlich einen Schlag versetzt. In dieser Zeit lernt sie Erich Mühsam in einem Café kennen, der als Lyriker, Essayist und Dramatiker die Staatsgewalt satirisch attackiert. Durch ihn lernt sie den Psychoanalytiker Dr. Otto Groß kennen, der die Freudsche Psychoanalyse verteidigt und einer kommunistischen Matriarchatslösung anhängt. Franziska z. R. verlässt München 1910 und geht über Berlin und Paris nach Ascona im Tessin. 1911 geht sie eine Scheinehe mit dem baltischen Baron Alexander von Rechenberg ein; für ihn ist eine Verheiratung die Voraussetzung für eine Erbschaft. Der Schwiegervater, der nach Ascona fährt, um die zukünftige Schwiegertochter kennenzulernen, durchschaut jedoch den Plan, so dass der Baron nur den Pflichtanteil erbt, aus dem sie 10000 Franken erhält und ihre Schulden begleicht; später, wenn der Baron stirbt, soll sie eine weitere Summe erhalten, die aber durch einen Bankkrach verlorengeht. Diese Erbgeschichte ist der Hintergrund für den Roman „Geldkomplex" (1916).

Als sie 1914 mit Rolf nach München will, weil sie sich einer Operation unterziehen muss, hat sie Einreiseschwierigkeiten, denn ihr Pass weist sie seit der Scheinheirat mit Rechenberg-Linten als russische Staatsbürgerin aus und daher zu dieser Zeit als feindliche Ausländerin. 1914 nimmt sie den Kontakt zu Ludwig Klages wieder auf mit der Bitte, ihren Sohn zu einem Bürger der Schweiz zu machen. Neben dem ökonomischen Grund ist es der drohende Kriegsdienst, vor dem sie sich und ihren Sohn bewahren wollte. Klages' Gesuch beim Vormundschaftsgericht in München wird jedoch abgelehnt, Rolf wird 1916 eingezogen. Während sie panische Angst hat, ist Rolf zunächst gelassen. Aber seine Erfahrungen an der französischen Front machen ihn zu einem überzeugten Pazifisten und Kriegsgegner. Seine Mutter verhilft ihm eines Nachts selbst zur Flucht, d.h. Desertion, in die neutrale Schweiz, worüber in Deutschland zahlreiche Anekdoten entstanden; die Zeitungen in aller Welt waren voll von dieser Tat einer Mutter, die so mutig war und ihren Sohn unter Lebensgefahr auf abenteuerliche Weise gerettet hatte. 1918 stirbt Franziska zu Reventlow am 26. Juli in Ascona während einer Operation an den Folgen eines Fahrradunfalls. – Weiteres über Franziska zu Reventlows Leben können Sie in meiner kurzen Biografie[7] und der dort genannten Literatur finden und natürlich in dem sehr informativen schönen Begleitband[8] zur Wanderausstellung über Franziska zu Reventlow. Das Besondere an ihr ist m. E. die Reflexion alles Erlebten, die Umsetzung ihres Lebens in ihre dichterischen autobiografischen Werke. Die Ehrlichkeit mit sich auch in Bezug auf ihren Umgang mit Geld, die Konkretheit und Direktheit in der Darstellung sowie ihre scharfen Beobachtungen an Menschen sind für mich frappierend. Der einmal eingeschlagene, durch die Kindheit verursachte und durch den Ibsen-Verein angestoßene Weg ließ sich nicht mehr umkehren. In Klages und dem Kosmiker-Kreis erfuhr sie Bestärkung.

Sie ist den entbehrungsreichen Weg der Selbstbestimmung gegangen. Erich Mühsam schreibt über sie:

---

7 Therese Chromik: „Wenn ich nur lieben kann". Franziska zu Reventlow. Kiel, 2009.
8 „Alles möchte ich immer „Franziska zu Reventlow 1871–1918. Göttingen 2011.

> Ich habe kaum einen Menschen gekannt, der so unaufhörlich vom Pech verfolgt
> war wie diese Frau, die wahrhaft jedes Glück verdient hätte, da sie die zur Genia-
> lität gesteigerte Fähigkeit besaß, Glück zu genießen und zu verwerten.[9]

In dem Briefroman „Der Geldkomplex" nimmt sie gleich drei Aspekte aufs
Korn: ihr eigenes Unvermögen, mit Geld umzugehen, die Psychoanalyse Freuds,
und sie parodiert die Gattung „Briefroman". War im 18. Jahrhundert der Briefroman die beliebte Gattung, um Subjektivität und Empfindsamkeit zu inszenie-
ren, so kommt es ihr gerade nicht auf Wahrheit und Authentizität an, sondern
frech plaudernd und ironisierend lässt sie die Wirklichkeit komisch erscheinen.
Der biografische Stoff ist also folgender: Erich Mühsam, der die finanzielle Not
Franziskas kennt, verhilft ihr zu der Bekanntschaft mit einem baltischen Baron,
der eine Frau für eine Scheinehe sucht, die er eingehen will, weil die Erbschaft
an die Heirat gebunden ist. Die Scheinehen-Frau soll die Hälfte des Geldes bekommen, eine sehr hohe Summe. Franziska zu Reventlow lässt sich darauf ein
und heiratet ihn im Jahre 1909. Sie schildert die Hochzeitszeremonie in Locarno
„in einem bezaubernden Briefe" an Mühsam, wie dieser in seiner Erzählung
„Die Gräfin" erwähnt.[10] Franziska schreibt dann an Mühsam, „dass sie zum ersten Male in ihrem Leben etwas bürgerlich vollkommen Korrektes getan" hatte,
nämlich das Geld einer Bank zu geben.[11] Genau da aber geht die Bank pleite und
die Erbschaft ist verloren.

„Es scheint kein Segen an dem Geld gehangen zu haben" und dass die ganze
Geschichte ihr nur ähnlich sehe, schreibt sie an Mühsam, wie er berichtet[12].
Franziska, die sich als Übersetzerin, Schauspielerin und Bildhauerin finanziell
geradeso über Wasser halten kann, wird von den finanziellen Forderungen ihrer
Gläubiger nahezu erdrückt. „Der Geldkomplex" entstand nach Eintreffen der
Botschaft, dass die lange erwartete Erbschaft im letzten Moment durch den Zu-
sammenbruch der Bank nicht ausgezahlt werden kann und erschien 1916. Reventlow verarbeitet diese missliche Lage mit viel Selbstironie und Humor, in
dem sie ihre Protagonistin wegen eines Geldkomplexes in ein Sanatorium für
Nervenkranke einweisen lässt. Dies ist der Schauplatz des Romans. Die illustre
Gesellschaft dort ist geprägt von Ängsten, Attacken, Macken, der Exzentrik einzelner Patienten und vor allem von ihrer nicht fruchtenwollenden Therapie bei
einem „Freudianer".

Mühsam erwähnt in seiner autobiografischen Erzählung „Die Gräfin" den Psychoanalytiker Dr. Otto Groß: „Groß wollte der Gräfin helfen, indem er in seiner
genialen und faszinierenden Art alle ihre Sorgen und Leiden als Wirkung seeli-
scher Komplexe bewußt zu machen und dadurch aufzulösen suchte".[13] Sie ver-

---

9 Erich Mühsam, a.a.O., S. 151.
10 A.a.O.
11 Erich Mühsam, a.a.O., S. 150.
12 A.a.O.
13 A.a.O.

spottet im Roman die psychoanalytischen Bemühungen Dr. Baumanns alias Dr. Groß um die Behebung des bei ihr diagnostizierten Komplexes. „Nach meinem Gefühl wären fast alle Psychosen in erster Linie mit Geld zu heilen", schreibt sie mit Blick auf die Patienten. Und über sich sagt sie im Roman:

> Ich war mein Leben lang allen menschlichen und seelischen Konflikten gewachsen, nur den wirtschaftlichen nicht. Weder glückliche noch unglückliche Liebe, weder Ehe noch Ehebruch, sondern ausschließlich Gläubiger, Hausherren und Lieferanten haben es dahin gebracht, mich psychisch zu zerrotten.[14]

Aber die Romanfigur Baumann sieht das anders: Die Ich-Protagonistin könne kein Gespräch führen, ohne dass sie die Gedanken ans Geld immer wieder einholten, folglich litte sie an einem „Geldkomplex". Er kann sich nicht von der Brille des suchenden, analysierenden Psychiaters befreien und so sieht er – statt ihre wirkliche Not zu erkennen, nur den interessanten „Fall"; und den könne man nur durch psychoanalytische Behandlung heilen:

> Er begann seine Erörterung damit, fast jeder Komplex beruhe auf verdrängter Erotik – mir schien […] er wolle auch in meinem Fall versuchen, ihn auf diesen Ursprung zurückzuführen. Etwa so: wenn jemand sein ganzes […] Leben vor allem nach Geld trachtet, muss er viele andere, lebendigere Regungen, wie vor allem die erotischen, unbedingt verdrängen.[15]

Sie lässt sich das allerdings nicht einreden und schreibt: „Es war eben umgekehrt, als wie er anfänglich gemeint hatte. Das Geld selbst war verdrängt worden, nicht die anderen Dinge."[16] Baumann wendet in seiner psychoanalytischen Behandlung folgerichtig seine Aufmerksamkeit den frühkindlichen Gelderlebnissen der Franziska zu, denn: „Auf diese Zeit sollen ja die meisten ‚Komplexbildungen' zurückgehen".[17] Dabei stellt sie heraus, dass Geld in ihrer Kindheit gar keine Rolle gespielt habe und sie es schon als Kind „für überflüssig und armeleutehaft hielt, sich um Geldfragen zu bekümmern"[18], also schon damals angeblich eine ziemliche Arroganz gegenüber dem Geld an den Tag legte. Die Diagnose „Geldkomplex in Reinkultur" stand damit fest. Und so schildert sie, wie das Geld diese Arroganz dadurch quittierte, dass es fernblieb. Eine kindliche Vorstellung zum Schmunzeln. Dass sie das Geld mit Gleichgültigkeit bedacht und nicht ernst genug genommen habe, sagt sie und wiederholt dieses verstärkt mit dem Verfassen dieses Roman, der sich ja im Ganzen auch als ein Akt des Sich-lustig-Machens über das Geld liest. Denn lustvoll für den Leser erzählt sie, dass die Ich-Erzählerin Geld als heimtückisches „persönliches Wesen" auffasst,

---

14 Franziska Gräfin zu Reventlow. Der Geldkomplex. In: Sämtliche Werke in fünf Bänden, hg. von Michael Schardt, Oldenburg, 2004, Bd. 2, S. 120.

15 A.a.O., S. 141.

16 A.a.O., S. 142.

17 A.a.O., S. 141.

18 A.a.O., S. 141–142.

das ihr feindlich gesonnen sei und von dem sie erkannt habe, dass man es durch liebevolle Indolenz vollständig mit ihm verderbe. Durchweg wird so das Geld im Roman „personifiziert", wodurch das existentielle Finanzproblem in eine humorvolle Leichtigkeit gehoben wird:

> Wie oft habe ich erlebt, dass es schon auf dem Weg zu mir war und unter irgendeinem fadenscheinigen Vorwand wieder umkehrte. Selbst dadurch, dass es einem gehört, hat man es noch nicht. So halte ich es für geboten, es vorläufig möglichst zu ignorieren und um keinen Preis kopfscheu zu machen.[19]
>
> In Monaten hat das Geld alle Muße, die ausgefallensten Schikanen zu ersinnen.[20]
>
> Nein, ich danke, ich werde mich hüten, das Geld durch meine persönliche Einmischung noch rebellischer zu machen.[21]
>
> Es ist ja klar, dass das Geld mich immer foppen will.[22]
>
> Jetzt verstehen wir auch, [...] und dass das Geld sich während der Reise manchmal ironisch benahm. Es hat natürlich alles voraus gewusst.[23]

Am Ende gibt sich der Freudianer geschlagen und die Patientin triumphiert mit dem Argument, dass ihr Komplex allein „durch positives Geld zu heilen ist". Humorvoll stellt sie am Ende des Romans fest, dass sie nun zu den Gläubigern gehöre:

> Die ganze Atmosphäre hat eine kapitalistische Note bekommen, die ungemein wohltuend ist. Unsere Popularität ist ins Ungeheure gestiegen, wir gelten zumindest für Millionäre, weil wir unsere Verluste mit Würde tragen, und haben schrankenlosen Kredit. So läßt sich's gut leben. [...] Ich gehöre jetzt zu den Gläubigern – der verkrachten Bank natürlich und das gibt dem Geld gegenüber einen ganz anderen Gesichtspunkt. Wer weiß, ob es mich nicht doch noch respektieren lernt, wie es eben nur Gläubiger respektiert, und auf ebenso unwahrscheinliche Weise wiederkehrt, wie es sich verabschiedet hat.[24]

Die *Figuren im Roman* sind außer der Erzählerin und dem labilen Psychoanalytiker noch einige merkwürdige Mitpatienten: ein versoffener russischer Adliger und seine treulose Braut, Intriganten, eine larmoyante Witwe, ein Gründer von Aktiengesellschaften, der ständig bankrott ist, dann der „Miterbe", ein ebenfalls dem Alkohol heftig zusprechender Russe, der zum Schein mit der Erzählerin verheiratet ist, um an sein Erbe zu kommen. Die Figuren sind aus ihrem realen Leben gegriffen und literarisch geworden: Der „Miterbe" ist ihr 2. Ehemann Alexander v. Rechenberg-Linten; der Nationalökonom Professor Edgar Jaffee, späterer Finanzminister der Revolutionsregierung, den Mühsam erwähnt, mag

---

19 A.a.O., S. 132.
20 A.a.O., S. 133.
21 A.a.O., S. 144.
22 A.a.O., S. 180.
23 A.a.O., S. 184.
24 A.a.O., S. 186–187.

mit Pate gestanden haben. Er hatte versucht, Franziska eine Stellung als Sekretä-rin zu verschaffen. Ludwig Klages bescheinigte ihm einen „Gründerwahnsinn". Ihr Freund Albert Hentschel war das Vorbild für „Henry", den manischen Grün-der von Aktiengesellschaften. Die Mitglieder ihres Zirkels sind bald alle von ihrem Leiden geheilt: Alle planen, spekulieren, wollen in Russland und Südame-rika investieren, haben Gewaltiges vor, ignorieren ihr Bankrott-Sein. Die Ich-Erzählerin wartet ihrerseits auf die Erbschaft, die sie sich durch die Scheinheirat gesichert hat und durch die sie sich vom Geldkomplex geheilt sähe. Aber auch dieses Mal scheint sich das Geld gegen sie zu sperren durch den eingetretenen Bankenkrach. Im Tagebuch äußert sie sich des Öfteren über das Geldproblem. 1907 notiert sie:

> Was für ein Götterleben könnten wir zwei führen, wenn wir Geld hätten …[25]

Und als sie einen kurzen Moment nach der Beerbung von Rechenberg Geld hat, kann sie sich „den Ausschweifungen des Geldes hingeben". Sie muss sich im-mer wieder „sehr zusammennehmen, um nicht einen furchtbaren Anfall von fi-nanziellem Leichtsinn zu bekommen"[26]. An anderer Stelle: „Wir müssen aus der chronischen Misere heraus, ich will mich noch einmal in Geld wälzen."[27]

Am 11. Geburtstag ihres Sohnes heißt es im Tagebuch:

> Wir verpulvern viel zu viel Geld und amüsieren uns königlich. Er ist ganz aufge-löst vor Seligkeit, darf alles machen, was er will.[28]

Wie großzügig sie im besten Sinne mit Geld umgeht, zeigt eine andere Notiz:

> Einen Entschluss gefasst und zum Verleger Langen gegangen, ich wusste nicht mehr aus noch ein. Ihm meine Lage erzählt und gesagt […], ich wollte arbeiten, was er wollte, nur müsste er mir gleich einen Vorschuss geben. Gab mir ein Buch zum Übersetzen und 200 Mark, 100 Mark habe ich S. gegeben, der am Rand der Verzweiflung ist.[29]

Wie anstrengend ihre intensive Übersetzungsarbeit ist, zeigt die folgende Notiz:

> 350 Druckseiten, macht 500 geschrieben, erst übersetzen, dann korrigieren, schließlich ins Reine schreiben − die Abschrift habe ich jetzt in 10 Tagen gemacht […] [und] jetzt habe ich wieder 280 Druckseiten zu übersetzen, die mir 150 M einbringen, aber in 14 Tagen fertig sein sollen.

Einmal übersetzt sie in einer Woche ein ganzes Buch, jede Nacht bis zwei Uhr sitz sie daran. An anderer Stelle fragt sie sich:

---

25 Tagebücher, S. 429.
26 A.a.O., S. 456.
27 A.a.O., S. 56.
28 A.a.O., S. 48.
29 A.a.O., S. 52.

> Was tu ich eigentlich mit dem Geld [...]. Ich arbeite wie ein Pferd und [...] habe
> nie etwas. Allerdings passierte es neulich, dass ich einen Fiaker nahm, um nicht
> zu spät zur Stunde zu kommen, und ihm 10 M. gegeben, weil ich mich nicht mit
> Wechseln aufhalten wollte. Na, ja, ich bin eben nie um die Schulden herumge-
> kommen [...] und das richtige Sparen lerne ich nie.[30]

Einige Biografen haben wohl zu Recht von ihrer völligen „Unökonomie" gesprochen; schon die schlichtesten Kenntnisse, unabdingbare Voraussetzung eines halbwegs vernünftigen Haushaltens, gingen ihr ab. Sie habe keinerlei Beziehung zu den wirtschaftspolitischen Dingen, selbst des alltäglichsten Lebens. Sie
habe erst in den späteren Jahren, kurz vor ihrem Tod, ungefähr gewusst, was ein
Kilo Mehl kostet, oder dass die Kartoffeln teurer oder billiger sind – das war
erst am Schluss ihres Lebens.[31]

Auch ihr Sohn Rolf bezeugt später, und sie wusste es auch selbst, dass sie wie
„ein Sieb war, durch das das Geld nur so durchtropfte", „ein Fass ohne Boden".[32] Ihr Dauerkommentar „Finanzen unter aller Kanone". Oft wird erwähnt,
dass das Geld nicht mal mehr für eine Briefmarke reiche. Das Schuldenmachen
war an der Tagesordnung und der Gerichtsvollzieher als Dauergast ging ein und
aus. Es scheint verständlich, dass sie meinte, man müsse schon Winkelzüge anwenden, um das Geld, diese ihr feindlich gesonnene, heimtückische Bestie, zu
bändigen und untertan zu machen. – „Geld lässt sich zur Liebe nicht vergewalti-
gen – nein, lieben muss man es, damit es einen wiederliebt. Und das lag Fanny
Reventlow sehr fern."[33]

Klages hat die Geldverachtung der Boheme[34], die seiner Meinung nach einer
Arbeitsverweigerung gleichkam, als Opposition gegen die Geldwirtschaft ge-
deutet.

> Die gesamte Boheme hat nie auch nur so viel Geld verdient, als erforderlich war,
> um notdürftig zu existieren. Man lebte in Schulden, wahrte aufs äußerste die per-
> sönliche Unabhängigkeit und starb mittellos: Gegenpol des damaligen industriel-
> len und finanziellen Aufschwungs der Bourgeoisie.[35]

Franziska formuliert ihre Bilanz so:

> Ich hatte nie ein festes Einkommen, nie einen bestimmten Beruf, sondern nur vor-
> übergehende Tätigkeiten, bei denen nicht viel herauskam, und doch habe ich eine

---

30 Tagebücher, S. 94.

31 Helmut Fritz, S. 123.

32 Zitiert nach Faber, S. 208.

33 Zitiert nach Faber, S. 209.

34 Die „Boheme" wird nach Mühsam folgendermaßen definiert: „[...]die gesellschaftliche Absonde-
rung künstlerischer Naturen, denen die Bindung an Konventionen und die Einfügung in allgemeine
Normen von Moral und der öffentlichen Ordnung nicht entsprechen." In: Erich Mühsam, „Boheme". Prosaschriften II, S. 23 ff.

35 A.a.O.

ganze Reihe von Jahren existiert vielleicht sogar besser und angenehmer gelebt wie manche andere mitsamt Beruf. [36]

Aufschlussreich scheint mir auch folgender Abschnitt aus dem Tagebuch:

> Die letzten drei Wochen eine qualvolle Geldnot, die meine Gedanken in Anspruch nahm. Man sucht sich selbst solche Zeiten durch viel Angenehmes zu würzen. Ich will mich nicht mehr von diesem Geld-Kram niederdrücken lassen, bekomme auch tatsächlich immer mehr Lebenslust und immer mehr „trotzdem". Es ist ja unmöglich, immer da zu sitzen und zu denken: Nun ist bald alles aus! Wenn man sich zum Mut zwingt, kommt er schließlich doch von selbst wieder. [37]

Sich über den Ernst der Lage hinwegsetzen können, auf das Wunderbare hoffen wie im Märchen ist eine Lebenskunst, das aber auch noch sozusagen von oben mit scharfem Blick distanziert und mit lockerer selbstkritischer Feder launig und vergnüglich zu verarbeiten, ist Dichtkunst. Helmut Fritz nennt den „Geldkomplex" eine der witzigsten Darstellungen der Psychoanalyse. Und Dr. Groß charakterisiert er als eine der exzentrischsten Erscheinungen der internationalen Boheme. [38]

Bloch erwähnt Franziskas Roman „Geldkomplex" positiv in seinem Buch Prinzip Hoffnung. Theodor Heuss rezensierte den Roman in einer Zeitschrift und schrieb:

> Eine entzückende Laune beherrscht das Buch, dessen Unbefangenheit selbst einen Philister gewinnen müsste, so unphiliströs es auch ist. Stilistisch durchsichtig und bewegt, in der Haltung geistreich und ungemein unterhaltend. [39]

Schon im Untertitel ist der Schalk in den Augen der Autorin zu erkennen: „meinen Gläubigern zugeeignet", denen natürlich das Geld lieber wäre, das sie wiederum durch die Herstellung dieses Buches eher übereignet bekommen. Ein humorvoller Offenbarungseid, wo doch ihre finanzielle Situation wirklich oft desaströs war. Das Biografische und Fiktive liegen dicht aufeinander, es ist die humorvolle Sicht auf die Dinge und krasse Schilderung, die das Geschehen ins Literarische hebt.

---

36 Der Geldkomplex, S. 150, in: Franziska zu Reventlow. Sämtliche Werke in fünf Bänden. Hg. von Michel Schardt. Oldenburg, 2004, Bd. 2.
37 Tagebücher, S. 484.
38 Helmut Fritz, S. 130 ff.
39 In: Theodor Heuss: Einige Bücher. In: „März" Jg.10, H. 14. 1916, S. 239, zitiert nach Ulla Egbringhoff: Franziska zu Reventlow. Reinbek 2000. S. 129.

Christoph Schwager

Bedingungsloses Grundeinkommen

1   Einführung

„Können Sie mir mal kurz in wenigen Sätzen erklären, was ein bedingungsloses Grundeinkommen ist?"

Okay, dann schauen Sie mal in die Zusammenfassung. Doch ein wenig mehr Aufmerksamkeit lohnt sich schon! Das Thema Grundeinkommen berührt sehr viele und sehr wichtige Aspekte unserer heutigen Gesellschaft. Man wird ihm nicht gerecht, wenn man es zu sehr verkürzt, z.B. nur auf den „Arbeitsmarkt", auf Sozialtransfer oder auf Finanzierungsdetails.

Für mich ist das bedingungslose Grundeinkommen ein zutiefst menschliches Projekt, denn der Mensch steht im Mittelpunkt (und nicht etwa „die Wirtschaft" oder der (Sozial-)Staat). Das bedingungslose Grundeinkommen soll den Menschen aus existenziellen Abhängigkeiten befreien und seine kreativen Kräfte freisetzen. Abhängigkeit – das ist z.B. die vom Arbeitsplatz (ein absolutes Totschlagargument heutzutage), das ist die von Behörden und Hartz IV, das ist die mentale und psychische Abhängigkeit von Begriffen und Verhaltensmustern, die in den letzten Jahrzehnten eingeübt und verinnerlicht wurden, aber den globalen Problemen nicht annähernd gerecht werden. Das bedingungslose Grundeinkommen geht einher mit einem neuen, einem positiven Menschenbild, das in unserem gegenwärtigen System nicht existiert. Es macht Ernst mit der im Grundgesetz verankerten „Würde des Menschen". Die Achtung vor dem Menschen gebietet uns, die Deckung seiner Grundbedürfnisse zu gewährleisten und ihn am Leben der Gesellschaft teilhaben zu lassen. Und dafür braucht er ein Einkommen, das ihm ohne jede Gegenleistung vom Staat gewährt wird. Es ist an kein Wohlverhalten oder sonstige Vorbedingung gebunden – allein die Tatsache, dass ein Mensch als Mensch auf dieser Erde ist, ist Begründung genug! Bei Kindern und Kranken ist uns das längst selbstverständlich. Nun soll es für alle Menschen gelten.

Der Begriff „Grundeinkommen" oder ähnliche werden inzwischen von vielen Gruppierungen und Parteien in unterschiedlicher Weise benutzt. Sie verbinden damit auch unterschiedliche Zielsetzungen und Realisierungsschritte. Doch sollten die Unterschiede zunächst nicht im Vordergrund stehen, sondern vielmehr die Gemeinsamkeiten und das Neue. Deshalb folgt das Kapitel über Realisierung und Finanzierung auch als letztes. Ich rate entschieden davon ab, zu früh Finanzierungsfragen zu erörtern! Das führt nur von den anderen, anfangs viel wichtigeren Punkten weg.

Es gibt verschiedene Finanzierungsmodelle, die eines gemeinsam haben: sie zeigen die prinzipielle Realisierbarkeit des bedingungslosen Grundeinkommens. Was sie jedoch nicht zeigen, ist, wie es weitergeht. Es wäre eine Illusion zu glauben, dass die Zukunft vorherzusagen und eine Gesellschaft mit Grundeinkommen genau zu planen ist. Das ist sie genauso wenig wie die heutige. Das klingt gefährlich und riskant. Das ewige „Weiter so" ist jedoch viel gefährlicher – man ist nur daran gewöhnt. Es braucht Mut, etwas Neues zu beginnen. Das Alte fortzusetzen erfordert nur Feigheit.

2   Zusammenfassung

Definition

Ein bedingungsloses Grundeinkommen ist ein Einkommen, das bedingungslos jedem Mitglied der Gesellschaft lebenslang gewährt wird.

Zuverdienst ist in beliebiger Höhe möglich ohne Anrechnung auf das Grundeinkommen.

Gründe für das Grundeinkommen

Du bist der Grund für ein Einkommen!

Menschenwürde, Menschenrecht:

Unsere Wirtschaft kennt keine Menschen. Sie kennt nur Abstraktionen bzw. Funktionen wie Arbeitnehmer, Arbeitsloser, Chef, Steuerzahler usw. Es ist daher nicht verwunderlich, dass sie un-menschlich geworden ist. Die vom Grundgesetz garantierte Würde des Menschen wird durch unsere wirtschaftlichen Verhältnisse massiv verletzt. Bereits Erich Fromm forderte: „Wir müssen eine gesunde Wirtschaft für gesunde Menschen schaffen!"

Armut, soziale Ungleichheit:

Die Ungleichheit zwischen arm und reich wächst immer mehr. Dabei leben wir im Überfluss – nicht im Mangel! Wenn nur ein wenig unseres gesellschaftlichen Reichtums besser verteilt würde, ginge es allen besser: den Armen, dem sozialen Frieden, der Wirtschaft (die ihre Ressourcen nicht für unsinniges Wachstum verschwenden müsste), der Umwelt, den künftigen Generationen. Und auch die Reichen müssten nicht leiden: Wenn die reichsten 20% unserer Gesellschaft statt bisher 80% des gesellschaftlichen Reichtums „nur" noch 50% beanspruchen würden, wäre auch das noch mehr als genug.

Arbeitslosigkeit, Produktivität:

Die Vollbeschäftigung gab es (fast) noch nie und wird es nie geben. Da die Produktivität schneller gewachsen ist als die Wirtschaft, können immer mehr Güter und Dienstleistungen mit immer weniger Arbeitskräften erzeugt werden. Das Problem der Arbeitslosigkeit werden wir durch mehr Wachstum niemals lösen können (vielmehr richten wir unsere Erde zugrunde). Wir könnten es aber leicht lösen durch bessere Verteilung des Einkommens und der Arbeit. Verabschieden wir uns also von der Arbeitsgesellschaft!

Unsicherheit (Prekarität):

Durch ein bedingungsloses Grundeinkommen werden die Zukunfts- und Existenzängste der Menschen gemildert. Sie können nicht mehr so leicht unter Druck gesetzt werden durch die Sorge vor Arbeitsplatzverlust. Das öffnet neue Horizonte.

Künftige Arbeitsformen:

Die Arbeitsform tendiert immer stärker zu wechselnden Arbeitsstätten oder gar Berufen, mal im Team, mal allein, mal arbeitslos und meistens befristet. Es gibt keinen Verlass mehr auf ein sicheres und kontinuierliches Einkommen. Eine Lebens- und Familienplanung ist damit sehr erschwert. Ein bedingungsloses Grundeinkommen schafft die notwendige Sicherheit. So kann der häufige Wechsel sogar zu einer Chance und etwas Schönem werden.

Kreativität:

Heute müssen die Menschen arbeiten, was andere Menschen oder die Not gebieten. Mit einem Grundeinkommen werden die Menschen frei davon und können ihre Kreativität entwickeln.

Gesellschaftliche Veränderung tut not!

Angesichts der globalen Probleme, die sich zu einer Metakrise des Systems entwickelt haben, kommen wir mit „alten" Mitteln nicht mehr weiter. Wie können wir glauben, dass unsere Gesellschaft stabiler als das Äonen-alte Klima ist? Der Neandertaler hat die letzte Eiszeit nicht überlebt. Aber wir glauben, dass unsere junge Gesellschaft den viel rascheren Klimawandel mit alten Rezepten meistern kann. Wir müssen neue gesellschaftliche Strukturen aufbauen, die uns ermöglichen, von den Wachstumszwängen und der Konsumorientierung frei zu werden. Das bedingungslose Grundeinkommen gehört dazu.

Realisierung/Finanzierung

Es gibt viele Rechenmodelle, die belegen, dass ein Grundeinkommen in unterschiedlichen Varianten finanzierbar ist. Das ist auch kein Wunder: es handelt sich ja „nur" um eine Umverteilung dessen, was unsere Gesellschaft hervorbringt. Es muss nichts zusätzlich produziert werden. Das Steuersystem muss entsprechend umgebaut werden, z.B. hin zu einer preisneutralen Konsumsteuer statt Leistungsbesteuerung. **WICHTIG**: Das Grundeinkommen darf nicht zu niedrig angesetzt werden, weil dann de facto doch ein Arbeitszwang entsteht, weil man sonst nicht leben kann.

3 Definition

Attac und das Netzwerk Grundeinkommen – und mit ihm zahlreiche Personen und Gruppen in der Grundeinkommensbewegung – definieren das bedingungslose Grundeinkommen etwa so:

Ein bedingungsloses Grundeinkommen ist ein Einkommen, das bedingungslos jedem Mitglied einer politischen Gemeinschaft gewährt wird. Es soll:

- die Existenz sichern und gesellschaftliche Teilhabe ermöglichen,
- einen individuellen Rechtsanspruch darstellen,
- ohne Bedürftigkeitsprüfung ausgezahlt werden,
- die Freiheit gewähren, sich für oder gegen eine Arbeit bzw. Tätigkeit zu entscheiden.

Bedingungslosigkeit

Bedingungslos meint, dass keinerlei Bedingungen für den Bezug dieses Geldes bestehen, weder Alter, Geschlecht, familiäre und partnerschaftliche Situation, noch Einkommens- und Vermögenssituation oder Staatsangehörigkeit. Insbesondere werden keine Gegenleistungen gefordert in Form von Erwerbs-/Lohnarbeit oder in anderer Weise. Das Grundeinkommen realisiert das Grundrecht einer und eines jeden Einzelnen auf eine unbedingte Existenzsicherung und Ermöglichung der gesellschaftlichen Teilhabe.

Existenzsichernde Höhe

Es geht darum, dass die Grundbedürfnisse der Menschen gedeckt sind und darüber hinaus eine gesellschaftliche Teilhabe möglich sein muss. Das schließt z.B. Bildung, Gesundheit, Kultur(veranstaltungen), (Tele-)Kommunikation und angemessene Mobilität ein. Die Höhe ist für ein recht einfaches Leben ausreichend, wer mehr will, kann durch Erwerbsarbeit beliebig viel hinzuverdienen. Es wird hier bewusst kein fester Geldbetrag definiert, weil eine qualitative Aussage besser ist. Sie gilt auch, wenn das Geld seine Kaufkraft verlieren sollte. In der Praxis werden die Geldbeträge vermutlich jährlich neu festgesetzt, d.h. kontinuierlich weiterentwickelt. Es könnten teilweise oder ergänzend auch kostenlose Sachleistungen gewährt werden.

Wichtig ist, dass der Betrag nicht zu niedrig bemessen wird. Denn wenn das Grundeinkommen für das Leben nicht reicht, besteht de facto wieder ein Arbeitszwang, und das Einkommen ist eben nicht mehr bedingungslos. Durch zu niedrige Bemessung kann ein Grundeinkommen ins Gegenteil verkehrt werden!

Individuell

Mit einer individuellen Auszahlung nimmt jeder Mensch seine Existenzgrundlage mit, wohin ihn auch das Leben führen mag (innerhalb der politischen Gemeinschaft). Junge Menschen können ihr Leben in die eigene Hand nehmen. Jeder bringt in eine neue Beziehung bereits einen finanziellen Grundstock ein. Wenn Beziehungen enden, so gibt es keine Existenzangst mehr, Kinder sind weiterhin materiell versorgt. Niemand kann in einer Partnerschaft oder „Bedarfsgemeinschaft" für den anderen in die Pflicht genommen werden.

Bedürftigkeit ist kein Kriterium mehr

„Bedürftigkeit" suggeriert einen sozialen Ansatz. Den gibt es aber schon längst nicht mehr, denn Bedürftigkeit ist Gegenstand von Etatüberlegungen, definitorischen Tricks, Parteipolitik und ein Kampfbegriff der Ausgrenzung. Wer „bedürftig" ist, wird stigmatisiert und verspottet, wird nackt ausgezogen, wird des Missbrauchs verdächtigt und vieles mehr. Nur in einem menschlichen Sinne geholfen wird ihm nicht. Beim Grundeinkommen kommt es nicht auf eine „Bedürftigkeit" an. Alle Menschen erhalten es. Damit hat das Grundeinkommen nicht den Charakter von Almosen oder mildtätiger Gabe, sondern es gibt einen Rechtsanspruch darauf. Logischerweise muss auch von keiner Instanz mehr eine Bedürftigkeit festgestellt werden. Diese Instanzen werden verschwinden einschließlich ihrer entwürdigenden Verfahren.

Befreiung von Zwang

In unserem heutigen System gilt als Voraussetzung für die Gewährung von Arbeitslosengeld oder Leistungen nach Hartz IV die „Bereitschaft", jede „zumutbare" Arbeit anzunehmen. Das ist ein Euphemismus. Was „zumutbar" ist, wird von anderen definiert. In Wirklichkeit handelt es sich oft um Zwangsarbeit. In Millionen von Fällen tun Menschen etwas, was ihnen sinnlos, schädlich oder gegen ihre eigenes Wesen oder Interessen gerichtet erscheint, nur weil sie auf das Geld angewiesen sind. Das Grundeinkommen will explizit diesen äußeren Zwang abschaffen. Menschen sollen sich frei für oder gegen bestimmte Tätigkeiten entscheiden können.

4   Gründe und Argumente

Es gibt zahlreiche Gründe, die für ein bedingungsloses Grundeinkommen sprechen. Sie betreffen ebenso zahlreiche Problemfelder:

- Menschenwürde, Menschenrecht, Grundgesetz

- Armut, soziale Ungleichheit
- Arbeitslosigkeit, Produktivität
- Unsicherheit (Prekarität)
- künftige Arbeitsformen
- Kreativität
- bezahlte und unbezahlte Arbeit
- Auswirkungen auf Umwelt und Klima
- historische Dividende
- gesellschaftliche Veränderung ist notwendig
- gesellschaftliche Verteilungskämpfe

Aus dieser Vielzahl sieht man bereits, welch vielfältige Verknüpfungen es gibt, und dass es nicht sinnvoll ist, Einzelaspekte herauszulösen.

Menschenwürde, Menschenrecht, Grundgesetz

Die Würde des Menschen ist im deutschen Grundgesetz das höchste Gut. Deshalb wird sie gleich im ersten Artikel festgeschrieben: Artikel 1, Abs. 1: „Die Würde des Menschen ist unantastbar. Sie zu achten und zu schützen ist Verpflichtung aller staatlichen Gewalt."

Aus der Würde des Menschen leiten sich etliche grundlegende Freiheitsrechte ab, darunter auch die Freiheit der Berufswahl: Artikel 12, Abs. 2 u. 3: „Niemand darf zu einer bestimmten Arbeit gezwungen werden […]". „Zwangsarbeit ist nur bei gerichtlich angeordneten Freiheitsentziehungen zulässig."

Und wie sieht unsere Realität aus? Die Demütigungen, denen Hartz-IV-Empfänger ausgesetzt werden, verstoßen gegen diese beiden wichtigen Artikel in eklatanter Weise: Ihre Würde wird massiv verletzt, sie werden in unsinnige Jobs und „Weiterbildungsmaßnahmen" gezwungen (unter Androhung von Mittelkürzung) und schließlich bleiben sie doch noch in Not und Armut, weil die Sätze viel zu niedrig sind. Der Verstoß setzt sich auch weit im Vorfeld bei denen fort, die befürchten müssen, ihre Arbeit und Existenzgrundlage zu verlieren (und das sind sehr viele!), wenn sie sich nicht in vorauseilendem Gehorsam dem fügen, was von ihnen verlangt wird. Die Aussicht auf Hartz IV zwingt Menschen, sich anders zu verhalten, als sie es wollen und ihnen gut tut. Ihre Würde wird missachtet. Wie viele gute Alternativen bleiben ungenutzt wegen dieser Zwänge?!

Ein bedingungsloses Grundeinkommen setzt dieser Situation ein Ende. Es wird ohne Prüfungen, Zwänge und Bedingungen ausgezahlt, ja sogar ohne Bedürftigkeit, weil eben jeder Mensch gleich geachtet wird. Die soziale Geringachtung eines Almosenempfängers (wie bei heutigen Sozialleistungen aus „Bedürftig-keit") weicht einem gleichberechtigten Verhältnis der Menschen auf Augenhö-he. Damit entfällt die Demütigung, die Würde bleibt gewahrt. Mehr noch: es ist eine ausdrückliche Anerkennung des Menschen. Und die Not wird abgewendet, denn das Grundeinkommen sichert die Existenz und Teilhabe. Ein bedingungs-loses Grundeinkommen ist im wahrsten Sinne des Wortes „not-wendig"!

Die Missachtung der Menschenwürde erfolgt gewiss nicht aus bösem Willen. Sie geschieht, weil wir den Menschen aus dem Blick verloren haben. In unserer Gesellschaft gibt es vom begrifflichen Ansatz her keine Menschen, sondern nur Funktionäre, also Abstraktionen. Menschen werden nur in bestimmten Funktio-nen gesehen, z.B. als Arbeitsloser, als Steuerzahler, als Parteivorsitzender, als Ausbilder, als Arbeitgeber, als Kunde usw. Die Steigerung davon ist die schein-bare Personifizierung einer abstrakten Gesamtheit: „Der Wähler" (oder „Kon-sument") will dies und das... Das ist eine doppelte Abstraktion und macht es doppelt schwer, die wirklichen Menschen zu sehen. Wo keine Menschen – da keine Menschenwürde! Ein Hartz-IV-Empfänger ist eben kein Mensch, sondern eine Rechengröße in Budgets und Statistiken.

Das bedingungslose Grundeinkommen stellt den Menschen wieder in den Mit-telpunkt und kann ihm deshalb die Würde zurückgeben. Es verwirklicht die grundlegenden Menschenrechte, die ein Mensch mit seiner Geburt mitbringt und nicht durch irgendwelche Leistungen oder Wohlverhalten erwerben muss. Ein Mensch muss sich nicht erst seinen Lebensunterhalt „verdienen": jeder Mensch verdient es, leben zu können!

Armut, soziale Ungleichheit

Deutschland gehört zu den reichsten Ländern der Welt – und doch gibt es hier Armut. Das ist ein Skandal! Der Grund ist nicht Unfähigkeit, Ungebildetheit, Faulheit oder mangelnde Bereitschaft der Betroffenen – der Grund ist eine gi-gantische Ungerechtigkeit in der Verteilung des Reichtums. Man könnte damit leben, wenn manche Menschen ein Mehrfaches dessen besitzen wie andere. Aber eine solch krasse Verteilung ist einfach nur obszön. Sie ist de facto der Aus-schluss eines großen Teils der Bevölkerung Deutschlands, ihnen wird die Teil-habe verwehrt. Glaubt wirklich noch jemand, dass die Superreichen so viel mehr „leisten" als andere, dass ihr Reichtum also gerechtfertigt sei? Es hat nichts mit einer „Neiddebatte" zu tun, wenn man auf solche Fakten aufmerksam macht. Eher sollte man fragen, woher das Geld denn stammt? Genauer: von wem?

Ein Effekt des bedingungslosen Grundeinkommens ist eine etwas gerechtere Verteilung des Einkommens. Es bedeutet eine Umverteilung von oben nach un-ten. Hier sei festgehalten: es geht nicht wirklich um eine „Finanzierung" des Grundeinkommens, sondern nur um eine angemessenere Verteilung von etwas, das bereits längst existiert.

Was diese Graphik für das Vermögen darstellt, gilt in ähnlicher Weise auch für die Einkommen.

Arbeitslosigkeit, Produktivität

In den 1970er Jahren begann eine Arbeitslosigkeit in Deutschland, die als drückendes Problem empfunden wurde. Es waren ein paar hunderttausend. Seitdem haben alle Kanzlerkandidaten große Versprechungen gemacht, die Arbeitslosigkeit signifikant zu verringern. Keinem ist es gelungen. Im Gegenteil: Wenn man all die versteckten, aus der Statistik entfernten Arbeitslosen mitrechnet, haben wir aktuell einen Stand von ungefähr 6 Millionen, Tendenz: steigend. Seit mehr als 35 Jahren (von 65 Jahren bundesrepublikanischer Geschichte) haben wir keine Vollbeschäftigung und es ist auch keine in Sicht.

Das ist nichts Schlimmes. Es beweist nur, dass wir das, was wir zum guten Leben brauchen, mit 6 Millionen Menschen weniger herstellen können. Und das ist eine gute Botschaft.

Schlimm ist etwas anderes: Dass diese 6 Millionen kein ausreichendes Einkommen mehr erhalten, teilweise in die Armut und Entwürdigung gedrückt werden und von der angemessenen Teilhabe an der Gesellschaft ausgeschlossen werden. Wir haben kein Produktionsproblem – wir haben ein moralisches Problem!

Weil die Produktivität wächst, brauchen wir immer weniger Arbeitskräfte. Doch statt uns darüber zu freuen, dass die Arbeit leichter und schneller zu erledigen ist, schauen wir hilflos zu, wie dieser glückliche Umstand sich in Unglück verwandelt und die Gesellschaft spaltet in „Arbeitsplatzbesitzer" und „Sozial-schmarotzer". Wir begreifen uns nicht als eine Gemeinschaft von Menschen, sondern ausdrücklich als „Arbeitsgesellschaft" oder „Leistungsgesellschaft". Da kriegt nur, wer „arbeitet". Und damit ist in aller Regel gemeint: eine sozialversicherungspflichtige Erwerbsarbeit. Einkommen sind direkt an eine bestimmte Form von Arbeit gekoppelt.

Das scheint selbstverständlich – ist es aber keineswegs. Viel besser ist es, sich die Arbeit und die Früchte der Arbeit zu teilen. Das bedingungslose Grundeinkommen ist ein Schritt in Richtung auf Entkoppelung von Arbeit und Einkommen.

Wie viel verbaler und politischer Aufwand, wie viel Ressourcen sind verschwendet worden, nur weil man dem Fetisch „Arbeitsgesellschaft" huldigte! Weil man nicht anerkennen wollte, dass Vollbeschäftigung weder realisierbar noch wünschenswert ist! Wie viel Bürokratie, Misstrauen und Unmenschlichkeit hat dieses falsche Dogma hervorgebracht! Das alles wird schlagartig entbehrlich, wenn wir mit dem bedingungslosen Grundeinkommen Ernst machen und der Vollbeschäftigung ade sagen.

Unsicherheit (Prekarität)

Viele Menschen befinden sich definitiv in einer äußerst prekären Situation, was ihre Existenzgrundlagen betrifft. Auszug aus Wikipedia:

> Als Prekarität am Arbeitsmarkt wird die verringerte soziale Sicherheit von Beschäftigten durch systematisch leicht und kurzfristig lösbare Beschäftigungsverhältnisse bezeichnet.

> Die Prekarität lässt sich an der Vorkommenshäufigkeit befristeter Beschäftigungsverhältnisse, von Teilzeitstellen und anderen Arten der Beschäftigung messen, bei denen der Arbeitnehmer aufgrund der Unsicherheit, wie seine Beschäftigungskarriere fortlaufen wird, in eine sozial nachteilige Situation gerät. Die Lage des Arbeitnehmers wird in einem solchen Fall als „prekär" bezeichnet. Der Prozess des relativen Anwachsens prekärer Arbeitsverhältnisse (also zunehmender Prekarität) wird als Prekarisierung bezeichnet. […]

> Da der Arbeitnehmer wenig bis gar keine Kontrolle über seine Arbeitssituation hat, keine sicheren, vorausschauenden Einschätzungen treffen kann und nur einen mangelhaften sozial- und arbeitsrechtlichen Schutz in Anspruch nehmen kann, drohen materielle Armut, soziale Bindungsverluste sowie eine pessimistische Zukunftssicht. Abgesehen von den Konsequenzen für den Arbeitnehmer gerät die gesamte Gesellschaft bzw. das Massenbewusstsein infolge der Prekarität in eine ungünstige Situation, da das soziale Netz geschwächt bzw. unsicher wird und Probleme sich häufen (z.B. durch Massenentlassungen). […]

> Zu bemerken ist, dass die Prekarisierung seitens der Arbeitnehmer augenscheinlich negativ zu bewerten ist (vom ethischen Standpunkt aus), jedoch der rational geprägte, „lockere" bzw. „unbeschwerte" Umgang mit den Arbeitnehmern für die Arbeitgeber zahlreichen Nutzen birgt, beispielsweise, da sie die Mitarbeiter durch

die verschärfte Konkurrenz unter diesen zeitweise motivieren und ihre Lohnvorstellungen besser durchsetzen können.

Man beachte, dass auch hier nicht von Menschen die Rede ist, sondern nur von „Arbeitnehmer" und „Arbeitgeber". Und dass unter einem „rational" geprägten Umgang eine reine Nützlichkeitserwägung (statt einer menschlichen Betrachtung) verstanden wird: rational = un-menschlich.

Solche Unsicherheit verschattet jede Zukunftsperspektive und zerstört die Kreativität. Neben den materiellen Problemen sind die negativen psychischen Auswirkungen hervorzuheben wie Zukunfts- und Existenzangst. Wichtig ist außerdem, dass die Unsicherheit wie eine ansteckende Krankheit wirkt und zunehmend auch die Bereiche der Gesellschaft erfasst, die noch nicht unmittelbar prekär im obigen Wiki-Sinne sind. Die Aussicht auf Unsicherheit produziert weitere Unsicherheit. So fühlen sich auch Menschen, die eine noch Arbeit haben, oftmals zu vorauseilendem Gehorsam gezwungen oder dazu, trotz Krankheit zur Arbeit zu gehen, weil die Angst vor Arbeitsplatzverlust ihnen im Nacken sitzt. Ganze Belegschaften haben bereits auf Lohn verzichtet, weil ihnen ein kleines Stückchen Sicherheit mehr wert ist als die Lohnhöhe. Auch Schüler und Absolventen sind bereits von der Unsicherheit erfasst und bedroht. Ein verbreitetes Motiv für Lebensentscheidungen sind nicht etwa persönliche Neigung, Interesse, Fähigkeiten, sondern Anpassung an echte oder vermeintliche Anforderungen des „Marktes".

Das bedingungslose Grundeinkommen mildert die soziale Unsicherheit, denn zumindest muss man keine Existenzängste mehr haben. Ein Grundeinkommen verschafft den Spielraum, auch einmal Nein sagen zu können und nicht alle Bedingungen akzeptieren zu müssen. Mit einem Grundeinkommen können Veränderungen im Leben wieder bewusst angegangen werden, wo sie oft genug vermieden werden, weil man an einem Arbeitsplatz festhalten muss.

Künftige Arbeitsformen: befristet, wechselnd, unsicher, nicht planbar

Menschen, die in den 1950er und 1960er Jahren ihre berufliche Karriere bei einer Firma begannen, konnten häufig bis zum Renteneintritt in derselben Firma bleiben. Das war normal.

Heute ist das keineswegs normal. Nicht nur der Wechsel der Arbeitsstelle – sogar der (mehrfache) Wechsel des Berufes ist an der Tagesordnung. Kenntnisse und Verfahren veralten unglaublich schnell, Firmen werden „restrukturiert". Arbeit wird vielfach in Projektform durchgeführt, d.h. befristet, in wechselnden Teams, mit Unsicherheiten behaftet und mit schwankendem Einkommen.

Das Bundesarbeitsministerium hat im März 2010 bekannt gegeben, dass inzwischen die Hälfte aller neuen Arbeitsverträge befristet sind. Der SPIEGEL hat in seiner Ausgabe Nr. 12 vom 22.3.2010 seine Titelgeschichte diesem Thema gewidmet: „Moderne Zeiten – ausleihen, befristen, kündigen: Die neue Arbeitswelt". Daraus geht hervor, dass in den 12 Jahren von 1996 bis 2008 die „atypische Arbeit" von 20% auf 30% aller Erwerbsarbeiter angestiegen ist. Tendenz: rasant steigend! Am weitesten verbreitet ist die atypische Arbeit in der Altersgruppe von 15–25 Jahren. Die Jugend ist am stärksten betroffen. Kurz: die persönliche Lebensplanung ist selbst mittelfristig nicht mehr möglich.

Aus heutiger Sicht wirkt das bedrohlich. Das ist es aber vor allem deshalb, weil damit Einkommens-, d.h. Existenzängste verbunden sind. Wenn das Einkommen gesichert ist, kann man es auch positiv sehen: Gestaltungsvielfalt und leichte Anpassung an neue Gegebenheiten sind möglich.

Diese Betrachtungsweise kann man sogar teilweise auf eine ganze Branche anwenden. Dann muss eine veraltete Industrie wie der Kohlebergbau nicht mehr künstlich am Leben gehalten werden (mit enormen Steuergeldern!), nur weil davon viele Arbeitsplätze abhängen.

Ein Grundeinkommen schafft hier Sicherheiten. Denn das Einkommen wird teilweise von der Arbeit entkoppelt. Damit können sich Menschen an den Arbeiten und Projekten beteiligen, die ihnen gemäß sind und sinnvoll erscheinen.

Kreativität und Freiheit

Arbeiten im Sinne von Tätigsein aus innerem Antrieb ist etwas sehr Schönes und Produktives. Die menschliche Kreativität kann sich ausleben, die Menschen können innere Befriedigung aus ihrer Arbeit ziehen. Es ist eine nicht entfremdete Arbeit, sie ist eine Äußerung ihrer selbst. Eine solche Arbeit wird gerne geleistet, der „Lohn" ist die Schönheit ihres Vollzuges, ihre Sinnhaftigkeit und ihr Ergebnis. Eine solche Arbeit kann von einem wunderbaren Gefühl der Freiheit begleitet sein. Kreativität braucht Freiheit. Wenn jedoch aus der Not heraus irgendwelche Arbeiten angenommen werden müssen, um den Lebensunterhalt zu sichern, kann das auch umschlagen in etwas Negatives. Dann kann die Arbeit als fremd, als sinnlos, ja sogar als gegen die eigenen Interessen gerichtet empfunden werden. Da gibt es kaum noch Schönheit des Vollzuges, vielmehr stumpfe Routine. Das Ergebnis wird an den vorgegebenen Interessen des Auftraggebers gemessen, aber nicht mehr an eigenen Kriterien. Wir sind nicht mehr frei.

Ein großes Problem liegt darin, dass diese Formen von Arbeit miteinander vermischt sind. Wir sehen es als selbstverständlich und normal an, dass unser Lebensunterhalt aus unserer Arbeit gewonnen wird und dass dieser deshalb der primäre Aspekt der Arbeit sei. Glücklich diejenigen, bei denen die anderen Aspekte der Arbeit nicht zu kurz kommen! Doch häufig sind die Menschen aus materiellen Gründen unfrei.

Das bedingungslose Grundeinkommen entkoppelt ein wenig diese beiden Aspekte der Arbeit, indem die blanke Notwendigkeit gemildert wird, den Lebensunterhalt „verdienen" zu müssen. Damit schafft es einen Spielraum, in dem sich Kreativität und Freiheit ausbilden können.

Bezahlte und unbezahlte Arbeit

Unbezahlte Arbeit wird heutzutage gering geachtet, obwohl sie unentbehrlich ist. Unsere Gesellschaft könnte ohne sie nicht existieren, ohne den freiwilligen Einsatz in Familie, Verein, Politik und menschlichem Miteinander würde sie kalt und tot. Die produktive Bedeutung für unsere Gesellschaft wird völlig unterschätzt. Ohne unbezahltes Engagement gäbe es keine Kinder und keine Zukunft.

Ohne unbezahlte Arbeit wäre unsere Gesellschaft nicht lebensfähig. Ohne unbezahlte Arbeit wäre unsere Gesellschaft sinnlos!

Tatsächlich wird viel mehr unbezahlte Arbeit (96 Mrd. Stunden) geleistet als bezahlte (56 Mrd. Stunden). Wir merken nur nicht, wie wichtig sie ist, weil sie in unserem Bewusstsein so selbstverständlich ist. Auf diesem Gebiet ist die Tätigkeit bzw. Arbeit noch nicht zur Ware heruntergekommen, sondern innig mit dem Menschlichen verbunden. Man kann nicht von einem „Arbeitsmarkt" sprechen und es werden keine Rechnungen ausgestellt.

Unsere Wirtschaftswissenschaftler ignorieren in ihrer großen Mehrheit dieses Phänomen. Folgerichtig gibt es noch nicht einmal begrifflich ein Mittel, den Wert der nicht bezahlten Arbeit richtig einzuschätzen.

Ein Grundeinkommen stärkt den Bereich der unbezahlten Arbeit und wertet ihn auf.

Auswirkungen auf Umwelt und Klima

Es gibt vielfach schädliche Produkte oder Produktionsmethoden. Es gibt Mitarbeiter, denen bereitet es Probleme, an etwas beteiligt zu sein, was sie nicht gut finden. Aber sie haben keine Wahl. Mit einem bedingungslosen Grundeinkommen können Menschen „Nein" sagen. Sie haben den materiellen Freiraum, aus einem Verantwortungsgefühl heraus die Mitarbeit zu verweigern. Die Menschen haben dann eine Wahl.

Gesellschaftliche Veränderung ist notwendig

Angesichts der globalen Probleme, die sich zu einer Metakrise des Systems entwickelt haben, kommen wir mit „alten" Mitteln nicht mehr weiter. Neben den globalen Krisen von Umwelt, Biodiversität, Wirtschaft und Finanzen, Erschöpfung der Rohstoffe (vor allem Öl), gewaltsamen und kriegerischen Konflikten, Flüchtlingströmen mit Dimensionen weit größer als die antiken Völkerwanderungen und kulturellen Konflikten ist der **Klimawandel** das beherrschende Thema. Wie können wir glauben, dass unsere Gesellschaft stabiler ist als das

Äonen-alte Klima, das nun kippt? Die Geschichte lehrt uns: Eine minimale Klimaabkühlung ab dem 15. Jhd. hatte deutliche Auswirkungen auf die damaligen Gesellschaften. In Wikipedia kann man folgende Schlussfolgerung lesen: „Somit war die Kleine Eiszeit, wenn auch indirekt, eine von vielen Ursachen für den Ausbruch der Französischen Revolution." Der Neandertaler hat die letzte Eiszeit nicht überlebt. Aber wir glauben, dass unsere junge Gesellschaft den viel rascheren Klimawandel mit alten Rezepten meistern kann. Wir müssen neue gesellschaftliche Strukturen aufbauen, die uns ermöglichen, von den Wachstumszwängen und der Konsumorientierung frei zu werden und unsere natürlichen und kulturellen Ressourcen besser zu nutzen. Das bedingungslose Grundeinkom-

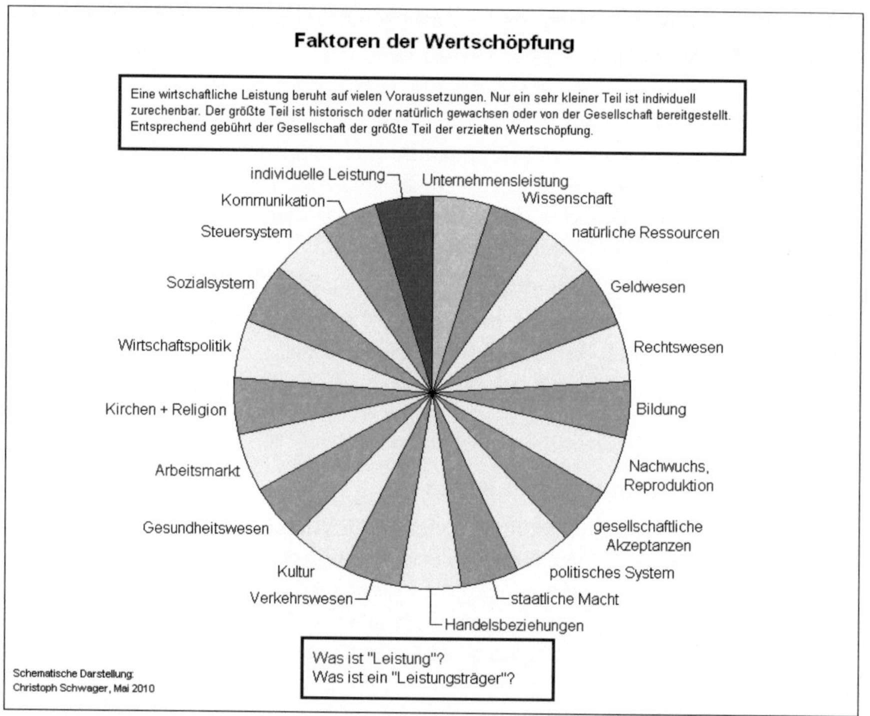

men gehört als ein Element dazu. Es hat die Potenz, menschliche Kreativität für soziale Veränderungen freizusetzen.

Dieser Abschnitt soll ins Bewusstsein bringen, dass es sich bei dem bedingungslosen Grundeinkommen nicht um eine isolierte politische Maßnahme handelt, sondern eine Komponente von weiteren tiefgreifenden Veränderungen ist.

Gesellschaftliche Verteilungskämpfe

Bekanntlich erschöpfen sich die Vorräte von wichtigen Rohstoffen, auf die unser Wirtschaftssystem aufbaut. Beim Öl ist das Maximum der Förderung bereits erreicht oder überschritten. Im Oktober 2010 war das Problem von akuter Rohstoff-Unterversorgung Thema auf einem Kongress des BDI. Bei geringer werdendem Angebot und weiter ansteigender Nachfrage werden die Preise massiv steigen. Aber selbst höhere Preise ändern nichts daran, dass die auf diesen Stoffen – vor allem Öl – beruhende Produktion geringer wird, also schrumpft. Wir müssen uns auf gigantische Verteilungskämpfe einstellen, die womöglich gewaltsam ausgetragen werden. Doch auch (militärische) Gewalt kann das Öl nicht vermehren. Wir haben es als Gesellschaft nie gelernt, unsere Ressourcen wirklich zu verteilen, denn wir haben meistens nur Zuwächse verteilt, ansonsten aber Besitzstandswahrung betrieben. Das wird in Zukunft nicht reichen.

Mit einem bedingungslosen Grundeinkommen realisieren wir ein völlig neues Verteilungsmuster, das die kommenden Verteilungsprobleme vielleicht etwas besser lösen kann, weil neue Kriterien gelten.

5   Realisierung

Finanzierung = Verteilung

Eine der am häufigsten gestellten und diskutierten Fragen im Zusammenhang mit dem Grundeinkommen ist die der Finanzierung oder gar der Finanzierbarkeit. Dabei hat diese Frage eigentlich nichts mit dem Grundeinkommen an sich zu tun, sondern nur mit seiner Realisierung.

Die wichtigen Aspekte beim Grundeinkommen sind die Menschenwürde, Freiheit, Verantwortung, Lebensgestaltung, Zukunftsperspektive, Kreativität, Befreiung von Angst, Emanzipation, neue Begriffe von Arbeit und Leistung, neue Beziehung zwischen Arbeitgeber und Arbeitnehmer, Aufwertung von bisher nicht bezahlter Arbeit, Armutsbeseitigung, Vollbeschäftigungsgesellschaft ade, Möglichkeit der gesellschaftlichen Neugestaltung und etliches mehr.

Die Finanzierung ist demgegenüber eher ein technischer Aspekt, der zum Schluss drankommt. In der Finanzierung liegen aber die meisten Unterschiede zwischen den „Modellen". Wenn man den Aspekt der Finanzierung außen vor ließe, gäbe es nur noch wenig Unterschiede und wir hätten eine viel breitere Gemeinsamkeit in der Grundeinkommensbewegung. Wir spalten ohne Not die Bewegung auf. Statt über Geld zu sprechen, sollten wir besser die zugrundeliegenden Werte aufdecken (z.B. wie steht's mit dem Arbeitszwang? Welches Menschenbild?).

- Wir lassen uns die Diskussion der Finanzierungsfrage aufzwingen und von den wichtigen Punkten ablenken.

- Wir lassen uns aufzwingen, in der gleichen Weise zu denken und zu argumentieren wie die Ökonomen, die das bisherige System immer passend gerechnet haben.

- Wir lassen uns ganz nebenbei aufzwingen, das Grundeinkommen mit allen möglichen sonstigen sozialen Aufgaben zu überfrachten, die dann gleich mit in die Rechnung eingehen und sie kompliziert machen.

- Wir lassen uns aufzwingen, eine Rechnung in Geld aufzumachen und irgendwelche astronomischen Beträge von 700–1.000 Milliarden Euro jährlich herzuzaubern, die bislang noch nicht existieren. Es entsteht der Eindruck, als sei das etwas ganz Besonderes, wenn ein Grundeinkommen „finanzierbar" ist.

Das ist Unsinn. Die Finanzierbarkeit ist grundsätzlich immer gegeben. Verwunderlich wäre nur das Gegenteil: wenn eine Rechnung nicht aufginge. Dann wüsste man nämlich, dass da ein Fehler drinstecken muss.

Lassen wir für den Moment eines Gedankenexperimentes mal das Geld beiseite und konzentrieren wir uns auf die realen Dinge, die von der Wirtschaft produziert, geleistet und verteilt werden – also die konkrete Wertschöpfung und nicht ihre monetäre Abstraktion. Beim bedingungslosen Grundeinkommen ist das Geldeinkommen ja auch nicht Selbstzweck, sondern es geht um die Teilhabe an den konkreten Dingen. Für das bedingungslose Grundeinkommen muss kein einziger Krümel zusätzlich produziert, kein einziger Handschlag zusätzlich geleistet werden.

Es geht einzig und allein um die Verteilung dessen, was ohnehin schon existiert. Ein Kuchen bleibt bekanntlich gleich groß, auch wenn er statt in große Stücke in mehrere kleine geschnitten wird. Egal also, welcher Anteil der realen Wertschöpfung bzw. des Volkseinkommens in die Verteilung einbezogen wird: er ist im Prinzip immer „finanzierbar" = verteilbar, weil nur Dinge eingehen, die bereits existieren!

Die Debatte um die Finanzierbarkeit ist eine Gespensterdebatte. Bei dem Argument der (Nicht-)Finanzierbarkeit geht es in Wirklichkeit nicht um eine sachliche Möglichkeit oder Unmöglichkeit, sondern um den Willen oder Unwillen, um die Bereitschaft oder den Mangel an Bereitschaft – also um eine politische und nicht um eine wirtschaftliche Frage. Das Grundeinkommen kostet kein zusätzliches Geld, es kostet nur politischen Willen!

Verteilen heißt, dass unterm Strich diejenigen etwas abgeben, die viel haben. Das muss glasklar gesagt werden und hat auch nichts mit einer linken Position zu tun, sondern ist einfach nur sachlich: wenn keiner etwas abgibt, bleibt eben alles beim Alten. Die Diskussion muss geführt werden, ob wir das wollen. Und zu der sollten wir wieder zurückkehren. Ich finde, die Diskussion wird auf einmal viel leichter und deutlicher, wenn der Ballast der Finanzierungsfrage abgeworfen wird. Eine Diskussion der Werte und Ziele.

Wenn wir es denn wollen, müssen wir es schließlich auch realisieren. Abgeben heißt, von seinem akkumulierten Reichtum und/oder von seinen Einkünften etwas abzugeben. Und das ist eben eine „Abgabe", eine Steuer, ein Beitrag oder wie immer man das nennen will. Und dann brauchen wir die Rechenkünstler wieder, um ein geeignetes Steuersystem zu bauen, das unseren Vorgaben entspricht. Und wenn jemand noch weitere Aufgaben erfüllt sehen will, die nicht vom Grundeinkommen abgedeckt werden, so muss er eben noch eine andere Kampagne starten. Schließlich ist das Grundeinkommen nicht das Ende der gesellschaftlichen Gestaltung.

Interessant ist die Aussage von Finanzminister Schäuble (siehe Interview 25.1.2010). Die Sozialleistungen der öffentlichen Hand inklusive der gesetzlichen Sozialversicherungen belaufen sich heute auf rund eine Billion Euro im Jahr. Geteilt durch 80 Millionen Einwohner, sind es etwa 12.500 Euro pro Person. Wir hatten die Sozialgesetze eingeführt, um Menschen durch staatliche Leistungen vor Armut zu bewahren. Es ist ein paradoxer Widerspruch, dass Menschen gerade dann als arm wahrgenommen werden, weil sie staatliche Transferleistungen beziehen.

Das sind also 1.000 Euro monatlich für jeden Menschen im Lande. Offensichtlich bräuchten wir noch nicht einmal das Steuersystem dafür zu ändern. Können wir aber. Sollten wir auch.

Effektive Umverteilung

Üblicherweise leiten die gängigen Finanzierungsmodelle eine gewünschte Höhe des Grundeinkommens und damit einen Geldbedarf her, listen Geldquellen und Einsparpotentiale auf und beschreiben Steuer- und/oder Abgabensysteme usw. Geldbeträge fließen dabei hin und her, (über-)kompensieren sich teilweise und werden gegeneinander aufgerechnet. Das ist ziemlich kompliziert – und wichtig, wenn das BGE realisiert werden soll. Wenn aber das Wesen des BGE verstanden werden soll, sind die Details oft nur störend.

Hier wird ein übergreifender Ansatz gewählt, um sich dem Thema der Finanzierung anzunähern. Wir betrachten die tatsächliche Verteilung des Volkseinkommens und stellen sie einer künftigen Verteilung, die ein Grundeinkommen enthält, gegenüber. Wir betrachten dabei keine absoluten Zahlen, sondern relative. Das gesamte Volkseinkommen wird deshalb gleich 100% gesetzt. Die folgenden Überlegungen gelten für alle Finanzierungsmodelle, denn jedes Modell beschreibt eine spezielle Form der Verteilung.

Sie sollen zeigen, dass

1. die Finanzierbarkeit im Prinzip immer gegeben ist

2. viel weniger effektiv umverteilt werden muss, als durch die Diskussionen suggeriert wird

Zum Verständnis der folgenden Graphiken: Bei allen Graphiken werden alle Arbeitnehmer Deutschlands in 10 gleich große Gruppen aufgeteilt. Die Gruppen werden sortiert nach Höhe des Einkommens, die niedrigsten Werte links bis zu den höchsten Werten rechts. Wenn es keine Ungleichheit gäbe, wären alle Gruppen mit je 10% genau gleich groß.

Sie sind aber nicht gleich. Die starke Ungleichverteilung der Vermögen wurde bereits im Abschnitt Armut und soziale Ungleichheit gezeigt. Bei den Einkommen gibt es eine ähnliche Ungleichverteilung, wenn auch nicht so krass. (Wegen der beschränkten Datengrundlage basieren die Graphiken auf der Einkommensverteilung aller Arbeitnehmer. Es gibt aber noch viele Selbständige und vor allem viele Menschen, die nicht arbeiten und (fast) gar kein Einkommen haben. Damit wird die Einkommensverteilung noch wesentlich ungleicher und nähert sich der Vermögensverteilung an.) In der folgenden Graphik sehen wir die tatsächliche Verteilung der Einkommen aller Arbeitnehmer im Jahr 2005 (Quelle: Bundesarbeitsministerium).

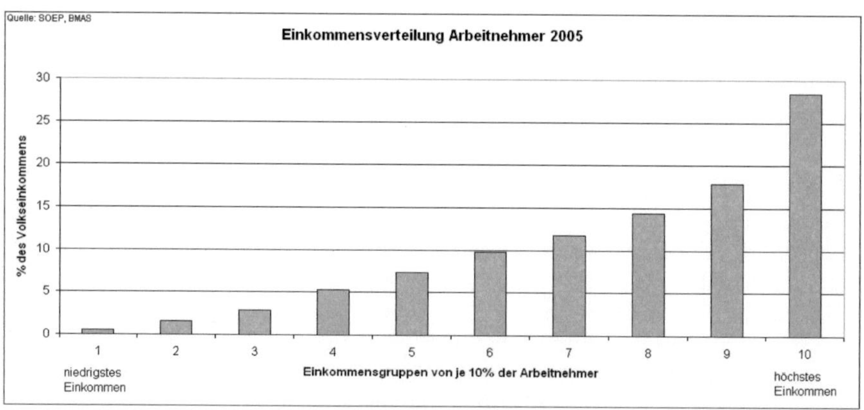

In der zweiten Graphik wird eine mögliche Verteilung des Einkommens daneben gestellt, wie sie durch ein bedingungsloses Grundeinkommen (BGE) entstehen könnte. Der Effekt ist sehr deutlich:

- die Ungleichheiten werden gemildert,

- selbst in der ärmsten Gruppe herrscht keine Armut mehr,

- es gibt auch mit dem BGE proportionale Einkommensunterschiede,

- im linken Bereich ist das Einkommen mit BGE höher, im rechten Bereich dagegen niedriger als ohne BGE.

Da das gesamte Volkseinkommen immer 100% ist, muss ein MEHR auf der einen Seite naturgemäß durch ein WENIGER auf der anderen Seite ausgeglichen werden.

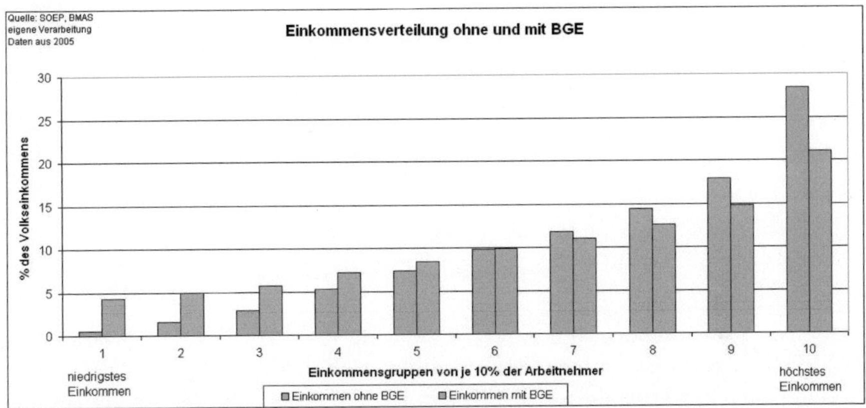

Die dritte Graphik der Einkommenszusammensetzung stellt dieses WENIGER noch einmal besonders deutlich heraus. Alle tragen zur Finanzierung des Grundeinkommens bei. In den Gruppen geringen Einkommens wird dieser Beitrag allerdings überkompensiert durch das Grundeinkommen selbst, während das in den reichen Gruppen nicht der Fall ist. Das ist ja gerade der gewünschte Effekt.

An diesem Beispiel zeigt sich, dass die Frage, ob auch die Reichen ein Grundeinkommen erhalten sollen, eigentlich ins Leere geht. Das läuft aufs gleiche Ergebnis hinaus, denn es kommt bei der Umverteilung auf die Differenz zwischen Vorher und Nachher an. Wenn die Reichen kein Grundeinkommen erhalten würden, müssten sie auch um genau diesen Betrag weniger zu dessen Finanzierung beitragen. Die Frage müsste daher treffender lauten: Welchen Anteil des Volkseinkommens wollen wir verteilen? Oder anders formuliert: Wie steil oder flach soll die Verteilungskurve werden? Das erleichtert die Diskussion ungemein und enthebt uns der Schwierigkeit zu definieren, was denn genau einen „Reichen" ausmacht?

Die jeweils linken Balken entsprechen der Graphik 2. Die jeweils rechten Balken markieren die Differenz zur ursprünglichen Verteilung. Es ist der Teil des gesamten Volkseinkommens, der von der rechten Seite zur linken Seite bewegt wurde, um die Verteilung der roten Balken zu erzielen. Sie sind in ihrer Summe die „Finanzierung" des Grundeinkommens und betragen in diesem Beispiel genau 13%.

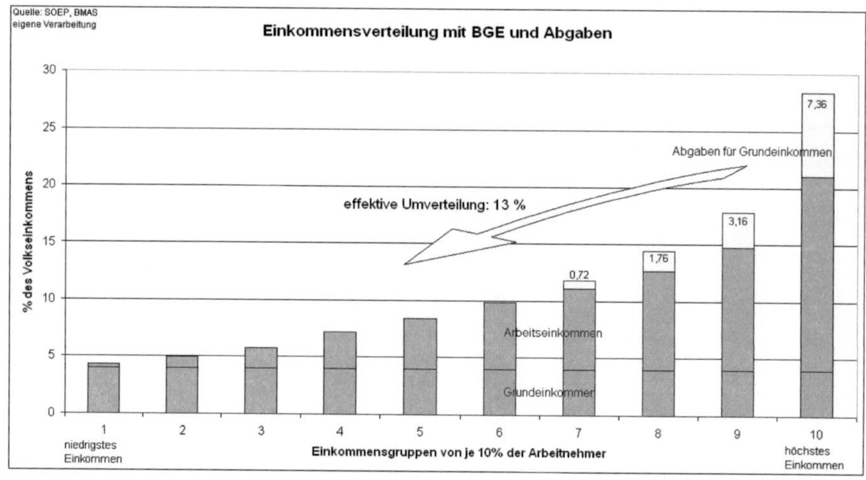

13% (von 2,4 Billionen) ist überraschend wenig. Es entspricht gegenwärtig rund 312 Milliarden Euro und liegt damit weit unter all den Zahlen, die in den Finanzierungsmodellen genannt werden. Dabei ist in diesem Beispiel bereits ein mittelmäßiges Grundeinkommen angesetzt. Selbst wenn es noch mal um die Hälfte höher veranschlagt wäre, käme eine effektive Umverteilung von nur 19,5% heraus (entsprechend 468 Milliarden Euro).

Diesen überraschend niedrigen Anteil deutlich zu machen, ist ein erklärtes Ziel dieser Darstellung. Er belegt, dass rein rechnerisch eine solche Umverteilung ohne weiteres möglich ist.

Es wurde bewusst darauf verzichtet, Vorschläge für ein Steuer- und Abgabensystem zu machen, wie diese 13% effektiv von der reichen zur armen Seite bewegt werden können. Dafür werden Fachleute gebraucht.

Warum kommt hier nur rund ein Drittel dessen heraus, was andere als Finanzierungsbedarf angeben? Weil hier das Ergebnis unter dem Strich angegeben wird. Wenn statt dessen folgendermaßen gerechnet würde (fiktives Beispiel): Ein Mensch erhält 1.000 Euro Grundeinkommen, muss aber an Steuern/Abgaben zur Finanzierung des Grundeinkommens 600 Euro zahlen, zusätzlich entfallen alle anderen Sozialleistungen wie Hartz IV, Bafög usw., was mit 300 Euro zu Buche schlägt – dann werden die Zahlen groß! Im Ergebnis unter dem Strich hat er dagegen schlicht 100 Euro mehr, und das ist eine überschaubare Zahl.

Der zweite Grund ist, dass nur die Beträge berücksichtigt werden, die effektiv abgegeben werden – und nicht die, die jemand erhält. Wenn für das Grundeinkommen 1.000 Euro von einer Seite zu einer anderen fließen, dann ist das eben eine Bewegung von 1.000 Euro und nicht etwa 2.000 Euro.

Es gibt noch einen dritten Grund: die dürftige Datengrundlage. Die Graphiken basieren – wie oben bereits erwähnt – auf der Einkommensverteilung aller Arbeitnehmer im Jahr 2005. Es gibt aber noch viele Selbständige und vor allem viele Menschen, die nicht arbeiten und (fast) gar kein Einkommen haben. Die Einkommensschere hat sich dazu in den vergangenen fünf Jahren weiter geöffnet. Damit wird die Einkommensverteilung noch wesentlich ungleicher und nähert sich dem an, was bereits an anderer Stelle über die Vermögensverteilung gesagt wurde. Damit steigt natürlich auch die effektive Umverteilung – womöglich auf das Doppelte.

Leistung

Nun werden es manche als ungerecht empfinden, wenn sie von ihrem „rechtmäßig Erworbenen" für potentielle „Faulenzer" aufkommen sollen, sie, die eigene Leistungen erbringen, für jene, die nichts leisten. An dieser Stelle geht es nicht um die Unterstellung der Faulheit (das wurde an anderer Stelle bereits ausführlich behandelt), sondern um den vermeintlich rechtmäßigen Erwerb und die „eigene Leistung". Ja, in einem formal-juristischen Sinne mag das stimmen. Aber in einem sachlichen und historischen Sinne nicht. Der Erwerb und die Akkumulation von Reichtümern beruht auf vielen gesellschaftlichen Voraussetzungen. Viele Gesellschaften und noch mehr Generationen haben gearbeitet und gewirkt, dass die heutigen Möglichkeiten des Erwerbs überhaupt existieren. Dazu gehören z.B. das Rechtswesen, staatliche Infrastrukturen, Geldwesen, eine politische Kultur, die ein Privateigentum und Zinsen grundsätzlich akzeptiert, Handelsstrukturen, gemeinsame Grundlagen von Werten, Bildung, Gesundheit, Wissenschaft und vieles mehr. Das alles ist keineswegs selbstverständlich! Unzähligen Wissenschaftlern und Ingenieuren ist es beispielsweise zu verdanken, dass uns heute Maschinen viel Arbeit abnehmen können. Das ist eine historische Gemeinschaftsleistung, deren Nutzen auch der Gemeinschaft zugute kommen muss, indem alle von den Erträgnissen bekommen und weniger arbeiten müssen. Doch auch heute wird wie selbstverständlich vom staatlichen Schulwesen verlangt, dass die Schüler für betriebliche Aufgaben vorbereitet werden – auf Kosten des Steuerzahlers. Oder dass Subventionen gezahlt werden. Hinzu kommt, was wir an Vorteilen aus anderen Ländern abgezogen haben und noch abziehen.

Es gibt in der heutigen Wirtschaft praktisch keine rein „eigene Leistung" mehr! Es ist Vermessenheit, die heutige zum Teil skandalöse Verteilung mit eigener Leistung zu begründen.

Modelle

Es gibt zahlreiche Berechnungen zur Finanzierung eines Bedingungslosen Grundeinkommens (=„Modelle"). Je nach Urheber und dessen sozialer und politischer Ausrichtung betreffen sie verschiedene Geldquellen, Auszahlungsmodi und Auszahlungsbeträge bzw. Leistungen. Sie erstrecken sich über die gesamte politische Farbskala von neoliberal bis ganz nach links mit vielen Übergängen dazwischen. Diese Berechnungen sind veröffentlicht und nachprüfbar. Sie sind viel zu umfangreich und speziell, als dass sie hier wiedergegeben werden können.

Eine zusammenfassende und vergleichende Darstellung „Aktueller Ansätze und Modelle von Grundsicherungen und Grundeinkommen in Deutschland" gibt Ronald Blaschke in: „Grundeinkommen. Geschichte – Modelle – Debatten." (2010) ISBN: 978-3-320-02210-5. Dort gibt es gute Begriffsklärungen, Klassifizierungen und Quellenangaben. Darüber hinaus gibt es noch weitere Modelle, darunter das „Einfelder Modell" von Dirk-Justus Hentschel.

Immer wieder tauchen die Einsparpotentiale auf, die in unterschiedlicher Höhe angegeben werden. Darunter werden die Sozialausgaben des Staates verstanden, die bei einem Grundeinkommen entfallen würden, sowie die dazu gehörige Verwaltung. Eine häufige Größenordnung liegt bei 800 Mrd. Euro pro Jahr. Finanzminister Schäuble hat in einem Interview am 25.1.2010 sogar von 1 Billion (= 1.000 Mrd.) Euro gesprochen. Ein weiteres Element sind die Steuerarten, die zur Finanzierung verwendet werden sollen: Einkommen, Konsum (Mehrwertsteuer) und weitere existierende oder neu einzuführende Steuern wie z.B. Ökosteuer, Mineralölsteuer, Finanztransaktionssteuer, Vermögenssteuer, Erbschaftssteuer, Spekulationssteuer, Einnahmen aus Emissionszertifikaten usw. Auch Sozialabgaben wie Arbeitslosenversicherung, Rentenversicherung, Kranken- und Pflegeversicherung werden in die Berechnungen einbezogen.

Weitere Unterschiede in den Modellen beziehen sich darauf, wann und über welche Kanäle die Gelder fließen sollen, z.B. Verrechnung mit der Einkommensteuer beim Finanzamt oder direkte Auszahlung über eine Bundesagentur für Einkommen (das war jetzt eine scherzhafte Anspielung …).

In vielen Berechnungen fallen hohe Beträge und z.T. extrem hoch anmutende Steuersätze auf. Davon sollte man sich jedoch nicht täuschen lassen, denn das bezahlen wir heute auch schon. Allerdings sind die Summen heute stillschweigend in Preisen oder der Vielfalt von Abgaben mit unterschiedlichen Adressaten und Zahlungsmechanismen versteckt. In den Gesamtberechnungen kommen die Posten dagegen auf den Tisch und werden transparent gemacht. Das ist zu begrüßen! Psychologisch könnten die hohen Zahlen Angst vor enormen finanziellen Belastungen auslösen. Das ist jedoch unbegründet, denn – wie gesagt – haben wir diese Belastungen bereits heute, sie sind also nicht neu und zusätzlich. Zum andern bedeutet es im Zusammenhang mit einem Grundeinkommen auch: dieses (viele!) Geld bekommen wir, die Menschen. Und zwar direkt, ohne komplizierte Umwege über Behörden, Verwaltungen, Steuervorteile usw. Belastung und Gewinn kompensieren sich also vollständig. Das ist eben ausdrückliche und deutlich erkennbare Umverteilung! Und das ist gut.

Viele Vorschläge, die sich auf die Steuergesetzgebung beziehen, sind auch unabhängig von einem Grundeinkommen zu diskutieren. Vielfach zielen sie auf eine Steuervereinfachung. Es ist wichtig zu verstehen, dass Grundeinkommen und Steuergesetzgebung **nicht** in einem zwingenden Zusammenhang stehen. Ein Problem ist manchmal, dass nicht genau erkennbar ist, welche Mittel dem Staat für seine „normalen" Aufgaben zur Verfügung stehen und welche für das Grundeinkommen reserviert sind.

Es wird oft von der „Staatsquote" gesprochen, also der Anteil der Wertschöpfung, der vom Staat einbehalten und verwaltet wird. Es ist ein gängiges Diktum, dass diese Staatsquote so gering wie möglich sein sollte („Weniger Staat!"). Es gibt aber erstens keine Begründung, warum das so sein sollte. Und zweitens handelt es sich bei einer solch transparenten Umverteilung um Gelder, die gerade wegen der Transparenz der willkürlichen anderweitigen Verfügung durch den Staat entzogen sind, weil von vornherein zweckgebunden. Der Staat ist für diesen Anteil nur Treuhänder, ja es ist sogar denkbar, dass dafür eine unabhängige, treuhänderische Institution geschaffen wird. Dann wäre die Staatsquote deutlich niedriger als bisher.

6   Probleme

Das bedingungslose Grundeinkommen ist eine soziale Neuerung von historischen Dimensionen. Bei einem solchen Unternehmen sind auch große Probleme zu erwarten:

- vorweg: die Finanzierung ist kein Problem
- Unvorhersagbarkeit, Unplanbarkeit
- vielfältige Abhängigkeiten
- die Freiheitszumutung
- Zersplitterung der Bewegung
- Überfrachtung mit anderen Zielen
- Migration
- internationale Aspekte
- mächtige Gegner
- Höhe und Art der Wirtschaftsleistung
- Arbeitsmotivation

Vorweg: die Finanzierung ist kein Problem

Viele Menschen – auch aus der Grundeinkommensbewegung selbst – glauben, die Finanzierbarkeit sei das größte Problem. Das sehe ich nicht so.

Natürlich ist es nicht leicht, ein angemessenes Steuer- und Abgabensystem zu entwerfen und zu realisieren. Aber das ist eher technischer Natur und kommt erst zum Tragen, wenn es an die Umsetzung der Grundeinkommensidee geht. Und so weit sind wir noch nicht, weil es viel wichtigere Probleme zu bedenken gilt.

Einstweilen genügt es, dass es viele verschiedene Finanzierungsansätze gibt, die – bei aller sonstigen Verschiedenheit – eines gemeinsam haben: sie zeigen alle die prinzipielle Finanzierbarkeit eines bedingungsloses Grundeinkommens. Eine weitere und grundsätzlichere Überlegung zur generellen Finanzierbarkeit finden Sie im Abschnitt Verteilung.

Unvorhersagbarkeit, Unplanbarkeit

Ein großes Problem – und zugleich eine der Stärken! – ist, dass die Konsequenzen der Einführung eines Grundeinkommens nicht vorhersehbar sind. Das soll in aller Klarheit und Ehrlichkeit am Anfang der Problemdiskussion stehen. Sie finden auch auf dieser Website viele Argumente, die bestimmte Zustände in der Zukunft beschwören. Das ist mit plausiblen Überlegungen unterfüttert. Ob sich die Gesellschaft in Zukunft aber wirklich so entwickeln wird, wissen wir natürlich nicht. Die Schwierigkeit ist im Falle des Grundeinkommens besonders groß, weil vielfältige Wechselbeziehungen zu anderen gesellschaftlichen Bereichen und Abläufen bestehen, so dass wir von einem hochgradig nicht-linearen System ausgehen müssen: durch die Wechselbeziehungen kann es Rückwirkungen (Rückkopplungen) auf die Voraussetzungen der Beziehung geben. Das kann auch bedeuten, dass das gesamte System sehr rasch eine völlig neue und unerwartete Richtung einschlagen kann.

Das klingt bedrohlich. Tatsächlich war es jedoch schon immer so, dass die Zukunft nicht vorhersehbar war. Und hin und wieder gab es völlig überraschend eine gravierende Zäsur. So z.B. vor zwanzig Jahren, als die sozialistische Hemisphäre zusammenbrach. Die Unvorhersehbarkeit ist ein psychologisches Problem: Angst vor dem Ungewissen. Mit der Finanz- und Wirtschaftskrise hatten wir die Chance einer großen Veränderung. Aber die Regierung hatte offenbar genauso viel Angst vor dem Unbekannten der Zukunft, dass sie es vorzog, möglichst den alten Zustand mit den bekannten Mechanismen wieder herzustellen.

Von diesen alten Mechanismen wissen wir, dass sie uns zu den Problemen geführt haben, die als Metakrise bezeichnet werden können. Der Klimawandel ist eine besonders prominente Facette davon. Planbarkeit setzt einen bestimmten Bezugsrahmen voraus. In eine Planung kann nur bereits Bekanntes, mehr noch:

„Bewährtes" einfließen. Bewährt haben sich die alten Ansätze aber unter Bedingungen, die heute nicht mehr gelten. Eine starre Technokratie bemerkt es nur nicht. Viele Menschen dagegen spüren, dass es so nicht weitergehen kann und darf – und doch tut es das und die Menschen leiden daran und verzweifeln. Uns läuft die Zeit weg und die notwendigen Ressourcen erschöpfen sich. Wie ein Supertanker fahren wir auf einen Eisberg zu.

Das Problem ist also eher die Starrheit, Sturheit und Unbeweglichkeit des Systems, die zumindest eine sichere Vorhersage erlauben: Sie führen geradewegs zum „Ende der Welt, wie wir sie kannten" (Buchtitel von Harald Welzer). Nun stellt sich die Frage, woher die Energie und der Impuls für eine echte und rasche Änderung kommen sollen? Wer immer nur Angst vor dem Wasser hat, wird nie schwimmen lernen. Wer erst dann eine Veränderung in Angriff nimmt, wenn sie sich als gut erwiesen hat, wird sie nie beginnen. Das ist die heutige Situation.

So gesehen ist die gesellschaftsverändernde Potenz, die in der Einführung eines bedingungslosen Grundeineinkommens liegt, nicht mehr bedrohlich. Sie kann uns im Gegenteil von der bleiernen Trägheit der Tagespolitik befreien hin zu einer echten Neugestaltung. Es gibt keine Garantie für den Erfolg, aber eine große Chance.

Vielfältige Abhängigkeiten

Wenn ein bedingungsloses Grundeinkommen realisiert wird, so kann das Auswirkungen haben u.a. auf das Menschenbild und Wertehaltung in der Gesellschaft, auf Arbeitsmarkt, Wirtschaft und Leistungsgesellschaft, auf Bildung, auf die politische Kultur und Demokratie, auf die Ökologie, auf das Sozialgefüge, auf die demographische Struktur und vieles mehr. Die Diskussion des Grundeinkommens wird daher sehr komplex.

Die wechselseitigen Bezüge können zu unvorhersehbaren Wirkungen führen (s.o.). Sie führen sicher zu ganz neuen Begriffen bzw. Begriffsinhalten.

- Welche Bedeutung werden z.B. die Begriffe „Arbeitsmarkt" und „Vollbeschäftigung" haben, wenn es keine Arbeitslosen im heutigen Sinne mehr gibt?

- Wie wird die Leistungsfähigkeit der Deutschen Wirtschaft beurteilt, wenn der immens wichtige Beitrag von bislang unbezahlter Arbeit völlig neu bewertet wird – und im Gegenzug natürlich auch die bezahlte Arbeit? Welche Auswirkungen auf die Wirtschaftspolitik hätte dies?

- Wie wird sich die Geburtenrate entwickeln, wenn Eltern weniger Arbeit für die materiellen Grundlagen der Familie aufwenden müssten und mehr Zeit für das Miteinander haben?

- Wie wird sich die Lebensplanung von Jugendlichen ändern, wenn etliche der heutigen Probleme entfallen und sich neue Herausforderungen stellen (s.u. „Freiheit")?

- Welche neuen Begriffe von Solidarität und Verantwortung können sich entwickeln und mit Leben füllen in einer Gesellschaft, die häufig nur gesetzliche Zuständigkeit statt menschlicher Verantwortung kennt?

- Wenn Menschen auch wirtschaftlich „Nein" sagen können – wie werden sich ökologisch bedenkliche Industriezweige entwickeln? Oder die Waffenproduktion? Oder die Landwirtschaft?

- Wie wirkt es auf die gesundheitliche Verfassung der Menschen, wenn die diffuse, aber schwere Bedrohung durch sozialen Abstieg und Existenzangst von ihren Schultern fällt? Wird dann womöglich eine alte Angst durch eine neue ersetzt?

- Wie wird sich unser Konsumverhalten ändern – und damit eine der Schlüsselgrößen unserer Wirtschaft und Wirtschaftstheorie?

- Wenn der Mensch tatsächlich in den Mittelpunkt gerückt wird: könnte es eines Tages Wirklichkeit werden, dass sich das Hauptmotiv wirtschaftlichen Handelns ändert von purem Gewinnstreben in Richtung auf gesellschaftliche Bedarfsdeckung? Welche Auswirkungen auf die Organisation der Wirtschaft hätte dies?

Das bedingungslose Grundeinkommen mag von der Gesetzgebung her ein isolierbarer Akt sein – in der gesellschaftlichen Entwicklung ist es das aber gewiss nicht! Für die Debatte des Grundeinkommens ergibt sich daraus die Schwierigkeit der Abgrenzung: Es gibt so vielfältige Aspekte, die in der Diskussion vorgetragen werden, dass man sich „über Hölzchen und Stöckchen" in den Details verliert. Das soll hier gar nicht kritisiert werden, sondern ist im Gegenteil ein positives Zeichen. Es belegt nämlich, dass viele Menschen auf Zusammenhänge achten. Es erfordert aber noch lange geduldige Diskussion.

Die Freiheitszumutung

„Freiheit" klingt gut. Wieso „Zumutung"? Das bedingungslose Grundeinkommen soll den Menschen mehr Freiheit bringen – so ein zentrales Argument. Aber ist das wirklich nur schön?

Bislang ist es so einfach: „Nein" sagen geht gar nicht! Da wird mir die Entscheidung abgenommen und ich kann wunderbar jede Verantwortung dafür auf andere schieben. Meine Zeit, mein Leben wird von außen strukturiert. Nun plötzlich muss ich selbst entscheiden, ob ich „ja" oder „nein" sage. Oder etwas dazwischen. Da muss ich mir Gründe überlegen und Argumente. Und hinterher habe ich noch nicht einmal die Ausrede, dass ich ja selbst gar nichts dafür kann … Das kann schwierig werden. Womöglich muss ich mein Leben selbst strukturieren. Das „Nein" ist nur der erste Teil einer Antwort: Danach muss die Formulierung einer Alternative kommen.

Unsere Freizeitgestaltung (und damit auch unsere „Freiheitsgestaltung") wird ganz wesentlich von außen gesteuert und ist hochgradig konsumorientiert. Da erscheinen Zweifel durchaus berechtigt, ob wir zu der neuen Freiheit überhaupt fähig sind? Für Wolfgang Engler beispielsweise ist dieser Zweifel so stark, dass er erhebliche Bildungsanstrengungen fordert. („Unerhörte Freiheit", 2007, Aufbau-Verlag).

Ein jeder möge sich selbst befragen, wie gut es ihm wohl gelingt, sich selbst zu motivieren, sein Leben zu strukturieren und mit Sinn zu erfüllen, und zwar dauerhaft – nicht nur einen Sonntag lang. Wie auch immer die Antwort ausfallen mag – es bleibt die Frage: wollen wir vor dieser Anstrengung kneifen, lieber weiter im Tretrad bleiben und eine zunehmend entfremdete und entfremdende Arbeit als Sinnsurrogat ausüben?

Zersplitterung der Bewegung

In der öffentlichen Debatte erscheint die Grundeinkommensbewegung hoffnungslos zersplittert. Das wird teilweise gezielt so dargestellt, teils beruht es auf tatkräftiger Mithilfe der Protagonisten. Es ist ein ernsthaftes Problem, denn damit geht es immer weniger um das Thema selbst und mehr darum, wer Recht hat. Interessierte Menschen müssen sich fast zwangsläufig mit den z.T. diffizilen Unterschieden herumschlagen und sehen sich dann genötigt, sich einem der Lager anzuschließen – oder sie wenden sich eben ab.

Die Diskussion von verschiedenen „Finanzierungsmodellen" befriedigt in vorauseilendem Gehorsam eine vermeintliche Forderung des Publikums. Natürlich wird die Frage häufig gestellt: „Und wie soll das alles bezahlt werden?" Ich glaube, diese Frage zielt in den meisten Fällen nicht auf die Details, sondern auf die unerhörte Dimension des Vorschlages. Es ist eine Äußerung von ungläubigem Erstaunen. Wer hier mit Zahlen kommt, verdrängt die eigentliche Frage: Wie wollen wir leben? Wie wollen Sie leben? Es geht um gesellschaftliche und menschliche Werte – und nicht um fiskalische!

Die Parteiendemokratie ist in Misskredit geraten, weil das Lagerdenken oft eine angemessene Lösung von Problemen verhindert. Diesen Fehler sollte die Grundeinkommensbewegung vermeiden.

Überfrachtung mit anderen Zielen

Zwei der oben geschilderten Probleme (vielfältige Abhängigkeiten und Zersplitterung) vereinigen sich häufig zu einem dritten Problem. Die vielfältigen Verknüpfungen des Grundeinkommens zu anderen gesellschaftlichen Bereichen rücken weitere Aspekte in den Blickpunkt. Es gibt Befürworter, die nun gleich mehrere Aspekte zusammen mit dem Grundeinkommen bearbeiten oder „lösen" wollen. Entsprechend gestalten sie ihre Finanzierungsvorschläge aus. Solche Aspekte können z.B. „soziale Gerechtigkeit", „Mindestlöhne", „Verringerung der Lohnnebenkosten", „Vereinfachung des Steuersystems" oder „Stärkung des Exports" sein. Es gibt noch viele weitere solcher Aspekte, die Eingang in verschiedene Modelle bzw. Denkrichtungen finden. Das bedeutet eine Überfrachtung von Zielen, womit die Zersplitterung weiter zementiert wird.

Wenn das bedingungslose Grundeinkommen eines Tages verwirklicht wird, so könnte es einigermaßen unspektakulär daherkommen: Es wird ein Recht für jeden Menschen formuliert, vielleicht sogar im Grundgesetz verankert. Es wird geregelt, in welcher Weise die Auszahlung erfolgt. Das dürfte schon alles sein. Wie das finanziert wird, ist ein weiteres Gesetz. Wie die Steuern gestaltet werden, ein drittes. Was mit der bisherigen Verwaltung und den Sozialsystemen passiert, ein viertes. Die Höhe des Grundeinkommens wird regelmäßig (jährlich?) erneut durch weitere Gesetze festgelegt.

Das Grundeinkommen ist keine eierlegende Wollmilchsau, es kann und soll nicht alle sozialen Probleme auf einmal lösen! So wichtig diese unterschiedlichen Aspekte auch sind – sie sollten von der Realisierung her nicht alle in einen Topf geworfen werden. Es ist leicht vorstellbar, was passiert, wenn das doch versucht wird: nichts. Die Selbstblockade wird unüberwindbar sein, die politischen Vorbehalte und Widerstände an allen Seiten des Spektrums provoziert.

Es ist selbstverständlich, dass die gesellschaftliche Gestaltung nicht mit der Einführung eines bedingungslosen Grundeinkommens zu Ende ist. Wir werden weiter Debatten brauchen und Gesetze beschließen müssen, um die Aspekte zu lösen, die mit Recht und gutem Grund vorgebracht werden.

Migration

Mit dem Wort Migration soll auf zwei Problemkreise hingewiesen werden.

1. Sollen auch alle Ausländer in Deutschland ein Grundeinkommen erhalten?

2. Werden nicht viele Zuwanderer nach Deutschland gelockt, wenn sie hier so einfach Geld kriegen können?

Zur ersten Frage: Selbstverständlich! Für Ausländer gelten die gleichen Menschenrechte wie für Staatsbürger. „Die Ausländer nehmen uns die Arbeit weg!" – dieses Argument wird mit dem Grundeinkommen gegenstandslos.

Zur zweiten Frage: Hier wird ein Problem auf das falsche Konto gebucht. Bereits heute – d.h. ohne Aussicht auf Grundeinkommen – gibt es eine gigantische Migration. Die Gründe dafür sind vielfältig, z.B. Bürgerkrieg, Klimawandel, ökologische Katastrophen, extreme Armut, Hunger usw. Bei etlichen der Gründe sind wir Mitteleuropäer nicht schuldlos. Wenn wir die Migration verringern wollen, so müssen wir diese Gründe bearbeiten und nicht das Problem missbrauchen, um eine wichtige soziale Neuerung zu diskreditieren, die damit überhaupt nichts zu tun hat.

Für Menschen, die sich nicht dauerhaft in Deutschland aufhalten, kann hier noch keine Aussage getroffen werden. Das ist ein offener Punkt. Es handelt sich dabei aber um ein sehr kleines Randproblem.

Internationale Aspekte

Wie werden sich die Außenbeziehungen zu anderen Ländern in der Welt entwickeln, wenn wir ein Grundeinkommen einführen?

Rein rechtlich ist das Grundeinkommen eine innerstaatliche Angelegenheit und hat also keine Auswirkungen nach außen. Es wäre zu untersuchen, inwieweit EU-Recht betroffen ist z.B. bei der Frage der Finanzierung (Steuern, Abgaben).

Wirtschaftlich könnten ähnlich unvorhersehbare Außenwirkungen entstehen wie innerhalb. Besonders interessant dürfte es sein, wie sich transnationale Konzerne verhalten werden und wie die Finanzwelt reagiert. Es ist wichtig zu untersuchen, wie ggf. einer Kapitalflucht zu begegnen ist. Manche nehmen an, der Export würde bei einer reinen Konsumsteuer stimuliert werden. Das wäre allerdings keine Auswirkung des Grundeinkommens, sondern der Steuergesetzgebung.

Generell halte ich derlei Zukunftsaussagen für nicht belastbar, sondern eher für plausible Vermutungen. Wenn wir davon ausgehen, dass wegen der wahrscheinlichen Rückkopplungen sich unvorhergesehene Entwicklungen ergeben können, dürfen wir nicht so tun, als hätten wir ausgerechnet bei unseren eigenen Annahmen Sicherheit.

Die wichtigste Wirkung wäre vermutlich eine kulturelle. Die Diskussion über ein Grundeinkommen würde auch in anderen Ländern eine enorme Dynamik gewinnen. Der Vorbildcharakter wäre nicht von der Hand zu weisen. Und die Frage der Gerechtigkeit und sozialen Ausgewogenheit würde sich auf internationaler Ebene neu stellen.

Mächtige Gegner

Bei der Einführung eines bedingungslosen Grundeinkommens ist mit heftigem Widerstand von verschiedenen Seiten zu rechnen.

Der hartnäckigste und machtvollste Widerstand ist zugleich kaum bewusst: Es sind die **alten Denkgewohnheiten und Werte**. Sie entziehen sich der Debatte, denn während vordergründig über das Grundeinkommen gesprochen wird, lenken sie im Hintergrund die Blickrichtung und Bildung von Argumenten. Da gibt es z.B. die Annahme, Arbeit und Einkommen seien gleichbedeutend. Deshalb reduziert sich die Betrachtung auf die Arbeit. Eine andere Wertung: Wer nicht arbeitet, ist faul – und das ist schlecht. Dazu gehört auch ein völlig verkümmertes Menschenbild.

Derlei Wertungen sind so tief verinnerlicht, dass sie niemals hinterfragt werden. Sie bilden den selbstverständlichen Boden, auf dem die Menschen sich intellektuell bewegen. So gesehen müssen die Denkgewohnheiten Gegenstand der Diskussion werden. Und seien wir ehrlich: Auch wir, die Grundeinkommensbewegung, stecken vielfach in den alten Denkgewohnheiten.

Dieses alte Denken haben Politiker und Bevölkerung gemein. Bei ersteren kommt erschwerend hinzu, dass sie sich in aller Regel einer Partei angeschlossen haben. Parteien haben meist eine gewisse autistische Tendenz: viel Sendung, wenig Empfang. Und sie grenzen sich stark von den anderen Parteien ab, wobei teilweise Blockaden entstehen. Der einzelne Politiker muss also nicht nur seine eigenen Denkgewohnheiten erkennen und bearbeiten, sondern zusätzlich noch die seiner Partei und deren Blockaden.

Übrigens: Auch die Grundeinkommensbewegung steht in der Gefahr der Lagerbildung!

Das bedingungslose Grundeinkommen bedeutet eine finanzielle Umverteilung. Da gibt es gefühlt viele Gewinner und einige Verlierer (in dem Sinne, dass sie materiell etwas weniger haben als vorher). Das Grundeinkommen soll die Verhandlungspositionen der Menschen gegenüber Arbeitgebern stärken. Es bedeutet auch eine andere politische Kultur und damit potentiell eine Einschränkung der Lobby-Wirksamkeit. Damit wird die Machtfrage berührt.

So ist aus weiten Bereichen der Wirtschaft und Finanzwelt mit viel Gegenwind zu rechnen.

Höhe und Art der Wirtschaftsleistung

Die Wirtschaftsleistung erscheint als eine wichtige Größe für das Grundeinkommen, denn davon hängt u.a. seine Höhe ab. Die Entwicklung der Wirtschaftsleistung ist jedoch ungewiss, wenn sich die Rahmenbedingungen für seine Erzeugung und begriffliche Definition (!) so gravierend ändern, wie es mit dem Grundeinkommen der Fall ist. Etliche „Modelle" gehen von einer bestimmten Höhe (als Geldbetrag) des Grundeinkommens aus. Diese Annahmen stehen auf tönernen Füßen und sollten als erste Orientierung genommen werden. Sie dienen den Rechenbeispielen unter *heutigen* Bedingungen.

Die Wirtschaftsleistung (BIP) ist heute ein sehr problematischer Begriff, weil er bestenfalls für eine quantitative Andeutung unserer wirtschaftlichen Fähigkeiten taugt (und das auch nur teilweise), aber keinerlei Aussagekraft darüber hat, ob unsere Fähigkeiten und Ressourcen sinnvoll eingesetzt wurden oder nicht. Völlig ignoriert werden nicht bezahlte Tätigkeiten, obwohl für die fast doppelt so viel Stunden aufgewendet werden wie für bezahlte Arbeit (Statistisches Bundesamt).

Nicht bezahlte Arbeit soll mit einem Grundeinkommen explizit einen höheren gesellschaftlichen Stellenwert erhalten. Das Grundeinkommen ermöglicht/erleichtert Tätigkeiten, die gesellschaftlich von großer und größter Wichtigkeit sind (z.B. Aufziehen von Kindern). Es wäre nur folgerichtig, wenn mit der höheren Wertschätzung der nicht bezahlten Arbeit auch der Beitrag zur Wirtschaftsleistung angemessen eingeschätzt wird. Das heißt, dass ein neuer Begriff von Wirtschaftsleistung definiert wird und statt des alten in der politischen Planung verwendet wird. Dieser neue Begriff müsste auch qualitative Elemente enthalten. Allein damit wären schon völlig neue Voraussetzungen gegeben.

Das Grundeinkommen soll den Menschen den Freiraum schaffen, bestimmte Arbeiten abzulehnen bzw. über die Arbeitsbedingungen zu verhandeln. Das könnte dazu führen, dass sich die Produktion nach Art und Menge deutlich verändert. Die gleiche Wirkung könnte ein verändertes Konsumverhalten haben, denn es ist anzunehmen, dass eine Maßnahme von der soziokulturellen Dimension eines Grundeinkommens nicht ohne deutliche Konsequenzen für das Konsumverhalten bleibt.

Somit kann über die künftige Höhe des Grundeinkommens keine seriöse Aussage gemacht werden. Eine alternative Möglichkeit ist dagegen, einen Anteil an der jeweiligen Wirtschaftsleistung zu definieren, der mindestens zur Verteilung herangezogen werden soll.

Arbeitsmotivation

Die Arbeitsmotivation ist einer der häufigsten Aspekte in der Grundeinkommensdiskussion und wird sehr gegensätzlich beurteilt, wobei beide Seiten eine erstaunliche Sicherheit für ihre Zukunftsaussagen in Anspruch nehmen. Wir sollten da alle etwas vorsichtiger sein und uns klarmachen, dass wir nur von den heutigen Gegebenheiten und von bestimmten Annahmen (die sich wiederum auf unsere Werte gründen) ausgehen. Es ist das alte Dilemma: Was ändert sich, wenn sich nichts ändert?

Nun soll sich aber etwas ändern, und zwar erheblich.

Die Befürworter zitieren gern eine Umfrage, der zufolge angeblich 60% aller Befragten die gleiche Arbeit fortsetzen würden, 30% eine andere oder kürzere Arbeit anstreben und 10% „ausschlafen" wollen. (Die Quelle dieser vielzitierten Umfrage kenne ich nicht.) Selbst wenn die Umfrage tatsächlich diese Werte erbracht hat und repräsentativ war, können wir uns keineswegs darauf verlassen, dass die Menschen im Ernstfall auch wirklich so handeln werden – und zwar dauerhaft.

Die Gegner verzichten gleich ganz auf einen Beleg und verlassen sich auf ihr Gefühl (oder das von irgendeinem „Experten"). Sie haben ein negatives Menschenbild und gehen von der strikten Verknüpfung von Arbeit und Einkommen aus. Sie denken in der Kategorie der positiven und negativen „Anreize" – so als lägen alle Beweggründe außerhalb des Menschen. Nur weil das bei Sklaven funktioniert, sollte es doch nicht auf unsere ganze Gesellschaft übertragen werden! Die Gegner basteln also an einer selbsterfüllenden Prophezeiung.

Dabei ist die Sache gar nicht so schwierig: Probieren wir es doch einfach aus! Sollte die Arbeitsmotivation tatsächlich nicht reichen, dann können ja „Anreize" geboten werden, z.B. bessere Arbeitsbedingungen, höherer Lohn, sinnvollere Produkte und Dienstleistungen, mehr Achtung und Gestaltungsmöglichkeiten und vieles mehr. Übrigens wäre zu klären, woran gemessen werden soll, ob die Arbeitsmotivation „reicht". Ewiges Wirtschaftswachstum ist jedenfalls ein schlechtes Kriterium. Es wäre naiv zu glauben, nach Einführung des Grundeinkommens müssten wir niemals wieder etwas regeln. Das ist doch ein dynamischer Prozess!

7   Beispiele aus der Zukunft

Wie könnte es in Zukunft mit einem Grundeinkommen aussehen? Tragen auch Sie Ihre Visionen bei und schreiben Sie uns Ihre Vorstellungen!

Maria, eine junge Frau – noch ohne Ausbildung und Beruf – wird schwanger, ihr Freund ist noch im Studium. Sie freut sich, auch wenn das Kind ihre Zukunftspläne durcheinander bringt und sie nicht sicher ist, ob sie mit dem Vater zusammenleben wird. Um ihren Lebensunterhalt braucht sie sich nicht zu sorgen. Das Grundeinkommen für sie und für das Kind ist eine finanzielle Basis, welche sie unabhängig macht von ihrem Freund oder ihren Eltern, von Ämtern oder einem schlecht bezahlten Job. Sollte sich die Beziehung als nicht tragfähig erweisen, wird es keine Streitigkeiten um Unterhaltszahlungen geben wie das früher mal war. Eine Ausbildung wird sie später noch machen können. Sie könnte sich auch vorstellen, eine größere Wohnung zu nehmen und sich mit einer alten Nachbarin zusammen zu tun, die nicht mehr so gut alleine zurechtkommt. Maria lässt das gelassen auf sich zukommen.

Robert hat 35 Jahre als Maurer gearbeitet. Jetzt ist er 55 und sein Rücken kann die schwere Arbeit nicht mehr leisten. So beschließt er, mit der Arbeit aufzuhören. Da es kein festgelegtes Renteneintrittsalter mehr gibt, kann er das einfach frei nach seinem eigenen Gesundheits- und Kräfteempfinden entscheiden. Nur mit dem Grundeinkommen, wird er sich zwar etwas bescheiden müssen, aber niemals Sorge um den Lebensunterhalt haben. Da er dann ja viel Zeit hat, überlegt er, ob er nicht vielleicht seine Mutter aus dem Altenheim zu sich holt und selber für sie sorgt … Sein älterer Kollege, der damals mit 60 die Arbeit nicht mehr schaffte, musste noch komplizierte Anträge auf Erwerbsunfähigkeitsrente stellen und zu drei verschiedenen Gutachtern gehen. Seine Rente ist durch das frühere Aufhören so niedrig geworden, dass er auch noch eine Aufstockung beim Sozialamt beantragen musste. Diese Erniedrigungen verbitterten ihn – er hätte ja gerne noch gearbeitet, er hatte seine Arbeit schließlich immer gerne gemacht.

Elvira mit ihren drei Kindern lebt seit einem Jahr getrennt von ihrem Mann. Zweimal wöchentlich – wenn Elvira ihre Malkurse gibt – sind die Kinder bei der älteren Nachbarin Susanne. Da hören die Kinder dann mit großen Ohren zu, wenn Susanne von früher erzählt. „Mama, es muss ja Manches früher schrecklich gewesen sein. Stellt Dir vor, Susanne musste jeden Tag putzen gehen, als sie sich von ihrem Mann trennte, weil er ihr kein Geld geben wollte. Und wenn sie endlich nach Hause kam, war sie so müde, dass die keine Lust mehr hatte, mir den Kindern zu spielen und zu erzählen. – Wie schön, Mama, dass du immer da bist und Zeit für uns hast.“

Zum dritten Mal in diesen wenigen Jahren seit Einführung des bedingungslosen Grundeinkommens wurde die Gesundheitspauschale gesenkt. Seit die Menschen keine Existenzsorgen mehr haben und deshalb die Art und den Umfang ihrer Arbeit frei nach ihren Kräften und Fähigkeiten wählen können, sind sie deutlich seltener krank. Therapien wegen Depressionen sind merklich zurückgegangen, seit die Menschen wieder mehr Kontakt zueinander haben und das Arbeitsklima sich verbessert hat: Mobbing ist seit 3 Jahren kein Thema mehr in den Betrieben und die angebotenen Arbeitsplätze werden immer attraktiver.

Martin wird Vater. Er freut sich auf das Kind. Sein Studium kann er getrost zu Ende führen, denn Sabine und das Kind sind finanziell ja unabhängig von ihm. Alte Leute erzählen manchmal noch, dass sie in solcher Situation das Studium abbrechen oder als Bittsteller zum Sozialamt gehen mussten. Wie gut, dass diese Zeiten vorbei sind.

Maike hat Altenpflege gelernt. Doch schon in der Ausbildung wurde ihr klar, dass sie in diesem Beruf nie wird arbeiten können. Zu deutlich fühlte sie die Bedürfnisse der alten Menschen nach Zuwendung, zuhören und erzählen, gemeinsamen Stunden und Tätigkeiten – und die knapp bemessene Zeit erlaubte ihr nur die äußerliche Versorgung. Stundenlang bei einem Sterbenden zu verweilen und sein Weggehen innerlich zu begleiten war eigentlich unmöglich. So suchte sie sich einen Job an der Kasse im Supermarkt. Als dann vor einigen Jahren das bedingungslose Grundeinkommen für jeden Bürger eingeführt wurde, änderte sich die Arbeitssituation in den Altenheimen grundlegend. Da jeder Angestellte ja sein Grundeinkommen hatte, konnte man doppelt soviel Personal einstellen. Da verließ Maike ihre Supermarktkasse und ging ins Altenheim zurück. Sie arbeitet nur halbtags, bleibt aber oft länger und kann nun ihre Arbeit so gestalten, wie sie er immer schon wollte. Die alten Menschen sind seither viel zufriedener, ausgefüllter, lebendiger und wacher, weil sie viel mehr Zuwendung, Ansprache, Anregung und Erlebnisse haben. Und sie wissen, dass sie einmal in den Sterbestunden ihre geliebte Pflegerin an der Seite haben werden.

Viele Altenheime sind zu groß geworden, weil durch das Grundeinkommen mehr alte Menschen zuhause von Angehörigen, Freunden oder Bekannten versorgt und gepflegt werden. So werden nun in manchen Altenheimen ganze Gebäudeteile umgebaut in große Familienwohnungen mit angrenzender kleiner Einliegerwohnung. Denn der Bedarf an Wohnraum, in dem auch ein alter oder behinderter Mensch etwas separiert und doch integriert mitwohnen kann, steigt von Jahr zu Jahr. Insgesamt ist am Wohnungsmarkt zu beobachten, dass die Nachfrage sich verändert seit Einführung des Grundeinkommens: die Menschen verbrauchen nicht mehr all ihre Kräfte für eine ungeliebte, aber überlebensnotwendige Erwerbsarbeit. Sie haben wieder mehr Zeit, sich um einander zu kümmern und deshalb auch vermehrt den Wunsch wohnungsmäßig näher zusammen zurücken in Nachbarschaft oder gar Wohngemeinschaft.

Peter hat mit der Einführung des Grundeinkommens seine Arbeit verloren wie viele Andere auch: er arbeitete bei der Arge. Es hat sein Denken arg strapaziert, diese Grundeinkommensidee zu begreifen, die ihn ja nach altem Denken selber arbeitslos machen sollte. Aber jetzt ist er doch sehr erleichtert: er macht das Büro in einem kleinen Handwerksbetrieb, denn nur immer Ferien haben wollte er absolut nicht. Hier in dem Betrieb arbeiten alle, weil sie gerne arbeiten und Freude haben, für Andere etwas zu tun. Das ist ein tolles Arbeitsklima! Kein Vergleich mit seiner alten Arbeit. Es war schrecklich, diese langzeitarbeitslosen Menschen zu verwalten, ihnen mit Kürzungen zu drohen, wenn sie nicht diesen oder jenen 1-Euro-Job annehmen, obwohl man gespürt hat: der ist psychisch so angegriffen, der braucht eigentlich Menschliches und keine Beschäftigungsmaßnahme. Eigentlich war es schon sehr unwürdig, wie arbeitslose Menschen damals behandelt wurden. Sicher gab es Faule, die gibt es immer. Aber fast alle hätten gerne wieder gearbeitet, wenn es denn was gegeben hätte.

Gerade ist wieder eines von diesen hässlichen Behördenhochhäusern abgerissen worden, weil es seit der Einführung des Grundeinkommens und der Konsumsteuer leerstand und niemand einen Verwendungszweck dafür fand. Da in der Nachbarschaft ganz besonders viele kinderreiche Familien wohnen, hat die Stadt beschlossen, auf dem Gelände dieses ehemaligen Arbeitsamtes einen Abenteuerspielplatz einzurichten. Er wird ganztags von mehreren Eltern betreut, die dort ein reichhaltiges Tätigkeitsangebot für die Kinder aufbauen wollen: töpfern, schreinern, schmieden, backen, malen, schnitzen, bildhauern, Lagerfeuer etc. Da ja durch die Automatisierung nicht mehr so viele Menschen für die Produktion gebraucht werden, der Lebensunterhalt durch das Grundeinkommen abgedeckt ist, arbeiten viele Menschen nur noch halbtags in ihrem Beruf und nutzen die restliche Zeit, um mehr mit Menschen zu arbeiten z.B. auf dem neuen Abenteuerspielplatz.

Manfred hat vor zwei Jahren in seinem Wohnviertel einen kleinen Laden aufgemacht und sich damit einen alten Lebenstraum verwirklicht: ein kleiner Laden, der sein Sortiment ganz nach konkreten Bedürfnissen der Kunden zusammenstellt statt irgendein Allerweltsangebot zu haben, von dem man nie weiß, ob man es los wird. Im Laufe der Zeit zeigte sich dann, was viele brauchen und was er demzufolge auch günstiger in größeren Mengen einkaufen kann. Sicher, Manches ist ein wenig teurer als im Supermarkt, aber dafür geht man auch nur zu Manfred nebenan und fährt nicht mit dem Auto nach sonst wo. Früher hatte Manfred im Supermarkt gearbeitet, ungern, doch von einem kleinen Traumladen hätte er seine Familie nicht sicher versorgen können, zumal seine Frau gerne ganz für die vier Kinder da sein wollte. Das bedingungslose Grundeinkommen war Manfreds Chance: damit ist die Lebensgrundlage der Familie gesichert und nicht allein von seinen Ladenumsätzen abhängig. Die Menschen aus der Gegend kommen gern zu ihm: man kennt sich, man trifft sich, man hält mal einen Klönschnack, man lernt so auch die neu Zugezogenen leichter und schneller kennen. Manfred ist glücklich: sein Laden ist Begegnungsknotenpunkt des Viertels geworden. Je älter seine Kinder werden, desto mehr helfen sie und die Frau im Geschäft mit.

Saida arbeitet auf der Inneren Station 2 des Städtischen Krankenhauses. Sie sorgt dafür, dass hier immer alles blitzblank und schön ist. Und – da sie immer auf dieser Station arbeitet seit 2 Jahren, ist sie ein wenig die Seele der Station geworden: sie kennt jeden Arzt, jede Schwester, jeden Patienten und hat ein gutes Gespür dafür, wer gerade mal ein „Schwätzchen" nötig hat. Saida ist glücklich: sie hat Arbeit und viele Kontakte und sie wird geliebt. Das hatte sie sich so sehr gewünscht, als sie damals als Flüchtling hierher kam. Wie schwierig war das: kein Geld, keine Arbeit, nur Ämter, keine Begegnungen mit Einheimischen, um mit der Sprache, der Kultur und den Gepflogenheiten dieses Landes sich vertraut zu machen. Seit alle Bürger dieses Landes ein bedingungsloses Grundeinkommen haben, hat sich die Arbeitssituation sehr verändert: Arbeitslose im alten Sinne gibt es keine mehr. Die Menschen arbeiten entweder aus Überzeugung sehr viel oder sie arbeiten weniger, weil sie noch viel unbezahlte Arbeit machen wollen, an der sie einfach Freude und Interesse haben. Saida selber bekommt noch kein Grundeinkommen, aber sie darf arbeiten. Ja, sie konnte sich sogar eine Arbeit aussuchen. Und da wählte sie eben dieses Krankenhaus, wo sie immer auf derselben Station sein und menschlich sich beheimaten und verbinden kann.

Hans ist 58, lebt allein in seiner kleinen Wohnung mit Katze und leider etwas zu vielen Flaschen. Ja, das Leben hat es von Anfang an nicht gut mit ihm gemeint. Dann kamen noch ein paar Pechsträhnen beruflich, die Frau ist früh verstorben, ein Eigenbrötler war er schon immer gewesen. So sucht er manchmal Trost und

Vergessen im Alkohol. Das mit dem bedingungslosen Grundeinkommen gefällt ihm sehr gut: nicht etwa, weil er nun mehr zu trinken hätte, nein. Es tut ihm wohl, nicht mehr das Gefühl zu haben, dass er von den Almosen Anderer leben muss und als Schmarotzer angesehen wird. Durch die Umstellung auf die Konsumsteuer trägt auch er, Hans, mit jedem Brot, mit jedem Katzenfutter und jeder Flasche sein Teil bei zu dem großen sozialen Topf, aus dem auch er sein Grundeinkommen bezieht. Das hat Hans' Würde wieder hergestellt. Und dass viele Menschen jetzt mehr Zeit haben, sich mal zu ihm auf die Bank in die Sonne zu setzen auf einen Schnack, das tut Hans auch sehr wohl. So merken die Menschen, dass er nicht einfach nur ein „alter hoffnungsloser Säufer" ist, sondern ein Mensch, der mit dem Leben eben nicht so erfolgreich zurechtkam wie viele Andere. Manchmal beglücken ihn diese kleinen Begegnungen so, dass er sich die abendliche Flasche gut verkneifen kann.

Willi kann es manchmal kaum glauben, wie sehr er sich und seine Überzeugung und seine Arbeit verändert hat. Als damals im Volk die ersten Debatten anfingen über ein bedingungsloses Grundeinkommen, war er als Parteipolitiker ein absoluter Gegner: soziale Hängematte, Faulheit, Wirtschaftsflaute, Undurchführbar, Unfinanzierbar, der Untergang des Abendlandes – er fuhr scharfe Geschütze dagegen auf. Er wehrte sich bis zuletzt und war erschüttert, als das Volk bei der Abstimmung mit überragender Mehrheit das Grundeinkommen und die Umstrukturierung zur Konsumsteuer durchsetzte. Willi ist in der Politik geblieben, vielleicht mehr aus Trotz, um weiterhin Widerstand zu leisten oder doch wenigstens mitzuerleben, wie diese Idee in der Realität scheitern wird. Er wartete darauf vergeblich: alle Katastrophenszenarien, die er und viele seiner Kollegen prophezeit hatten, ließen beharrlich auf sich warten. Und irgendwann stellte Willi zu seinem Erstaunen fest, dass er begann, sich über neue positive Entwicklungen durch das Grundeinkommen zu freuen. Heute ist er stolz, dass aus seinem Land ein solch zukunftsfähiger Kulturimpuls ausstrahlt: viele Länder haben schon nachgezogen und die meisten sind dabei, die Grundeinkommensidee für ihre Verhältnisse auszuarbeiten und einzurichten. Seine Arbeit als Politiker hat sich sehr verändert: die Menschen sind wacher, interessierter und engagierter in politischen und sozialen Fragen. Die Politiker müssen sich nicht mehr irgendwelche wahltaktisch guten Lösungen ausdenken und sie dem Volk schmackhaft machen, nein, das Volk gibt den Ton an und bestimmt die Richtung – die Politik ist nur das Management für diese Impulse.

Kurt arbeitet bei der Müllabfuhr. Kurt ist nämlich ein ausgewachsener Autofreak. Er liebt Oldtimer und schnelle Sportwagen. Da kommt er natürlich mit seinem Grundeinkommen nicht weit. Aber das Grundeinkommen hatte ja zur Folge, dass unattraktive Arbeiten jetzt sehr hoch bezahlt werden, z.B. die Müllabfuhr. So fährt Kurt jeden Morgen guter Laune mit seiner Truppe durch die Stadt und freut sich dabei nicht nur auf seinen Porsche, sondern auch an der Sauberkeit der Stadt.

Bernhard H. F. Taureck

Soziale Gleichheit als Input:
Unterwegs zum bedingungslosen Grundeinkommen

Die folgenden Überlegungen handeln von der Gleichheit im oder trotz Kapitalismus. Denn vom Gleichklang der Rechte und Wertungen *Freiheit, Gleichheit, Brüderlichkeit* scheint einzig die Freiheit übrig geblieben zu sein. Ob es indes Freiheit ohne Gleichheit und ohne Brüderlichkeit geben könne, scheint ungewiss. Meldungen wie jene von der gewaltsamen Ausweisung der Roma aus Frankreich oder der Anstieg der Armut in den USA (2008: 39,8 Millionen Arme, 2009 bereits 43,6 Millionen!) verstoßen gegen soziale Gleichheit und gelten durchaus als Alarmzeichen. Kapitalismusfreunde könnten erwidern: Wird geregelt, Hauptsache die Basisdaten des BIP-Wachstums stimmen. Wie? Ist nicht eine Krisenursache die kreditfinanzierte Nachfrage, d.h. ein Konsum derer, die auf Pump leben müssen? Führt summierte soziale Ungleichheit nicht das Gesamtsystem in die Krise? Der Beitrag zur Antwort auf diese Frage erfolgt in drei Schritten: Erstens geht es um die Suche nach dem Ort der Gleichheit im Kapitalismus. Zweitens ist zu handeln von einer Definition der sozialen Gleichheit. Drittens wird ein Vorschlag gegeben, wie soziale Gleichheit praktizierbar wäre.

Der Ort der Gleichheit

Es scheint, die Bedeutung von *Kapitalismus* werde aufgerieben und aufgezehrt infolge zweier Bewertungen. Kapitalismus gilt demnach als Gemeinwohlerzeugung und Freiheit einer- und als Ausbeutung und Knechtschaft andererseits. Jede dieser Bewertungen hat ihre Argumente und Gründe. Adam Smith und der Liberalismus sowie Marx und der Marxismus begleiten den Kapitalismus bis heute. Es vergeht kein Radiotag, kein Feuilletontag, kein Internettag ohne Stimmen aus beiden Bewertungen. Würden Marx und Smith noch leben, so fragte ihre wache Intelligenz vermutlich: Und der Kapitalismus selbst? Wie steht es mit ihm als einem Dritten, als die Sache, als das Thema, auf das sich seine gegensätzlichen Bewertungen beziehen? Wie soll man sich diesem Dritten, diesem Tertium namens Kapitalismus nähern? Ein Weg ist zweifellos die Aktivität der Politiker und das, was sie voraussetzen, nämlich Menschen, auf die sie einwirken. Unter allen unzähligen Charakterisierungen der Beziehungen zwischen Politikern und den Menschen ihres Einflussbereiches findet sich eine, die vermutlich vergessen ist und dennoch ins Schwarze trifft. Sie besagt, dass man es mit Menschen zu tun habe, die *weder gänzlich Knechtschaft noch auch gänzlich Freiheit zu ertragen fähig sind.* Daher liefert ein *Zwischenraum* zwischen dem

Akzeptieren von Freiheit und dem Akzeptieren von Knechtschaft den Sauerstoff der Politik. Die Einschätzung bezieht sich auf einen von Tacitus geschriebenen Satz: Es gehe um die Herrschaft „über Menschen, die weder ganz Knechtschaft noch ganz Freiheit ertragen können" (qui nec totam servitudinem pati possunt nec totam servitudinem, Historien 1.16.4, bezogen auf die Worte des kurz danach ermordeten Kaisers Galba im Jahre 69 nach Chr.). Man wird einwenden, dies galt für Rom, lasse sich aber nicht übertragen auf Gesellschaften im Zeitalter der elektronischen Vernetzungen. Dagegen sei behauptet: Tacitus bietet einen Entdeckungszusammenhang, der zu einer Annahme hinführt. Zwischen dem Kapitalismus als Freiheit und Gemeinwohlschaffung und dem Kapitalismus als Knechtschaft und Ausbeutung gibt es ein Tertium: Man erträgt weder das eine noch das andere mit der Folge, dass dieses Tertium auch positiver Bestimmungen fähig ist. Dies jedenfalls ist die Annahme, von der hier ausgegangen werden soll. Auch wenn man, mit anderen Worten, Liberalist oder Marxist ist, so wird man nicht umhin können, sich eine gewisse Klarheit zu verschaffen über Formen und Inhalte dieses Dritten, das wir als *Tertium Politicum* abkürzen wollen.

Zwei Arten der Füllung des Tertium Politicum seien hier erwähnt. Die eine füllt ihn mit dem Adjektiv „gut", die andere mit Vorstellungen von Rechten und Rechtsgarantien. Es scheint, dass die „gut"-Variante inzwischen dominiert. Worum geht es in ihrem Fall? Politiker verhalten sich wie Anbieter auf dem Markt. Wer Produkte verkaufen will, stellt sie als „gut" dar. In gewissen Kinos werden derzeit Filme in DVD-Form als „Good ! Movies" angeboten. „Gut" drückt bereits für sich eine nachdrückliche Empfehlung aus. Wozu dann noch das Ausrufungszeichen? Hat sich „gut" abgenutzt, so dass das Wort einer Verstärkung bedarf? Es vergeht kein Tag, ohne dass bestimmte politische Vorhaben als „gute" Politik angepriesen werden. Diese Tendenz, jenes Dritte zu füllen, bildet politischen Pragmatismus, auf den man sich gern und häufig beruft, ohne zu bemerken, dass er auf einer Verwechslung beruht. Was kann ich mit „gut" eigentlich meinen? Angenommen, ich finde eine Person, eine Sache oder einen Vorgang „gut." Dann drücke ich damit aus, dass ich der Ansicht bin, mit dem Vorgang, der Sache oder der Person etwas Sinnvolles anfangen zu können. Mit einer „guten" Person kann ich zum Beispiel ins Geschäft kommen, mit einem „guten" Auto anderen davonfahren und mit einem „guten" Examen finde ich bald einen Job. Mit „gut" drücke ich somit einen Zuspruch aus, den ich mir selbst gebe. „Gut" ist nicht dazu da, etwas zu beschreiben. Es sagt nichts über die Beschaffenheit von etwas aus, sondern bezieht sich auf mein Verhältnis zu etwas. Es ist nun genau der philosophische Pragmatismus in allen seinen Spielarten, der dies nicht beachtet oder wahr haben will. Für den Pragmatisten gilt, dass mit „gut" etwas über den Gegenstand selbst ausgesagt wird. Er möchte dies dadurch begründen, dass der Gegenstand nichts anders ist als das, was ich mit ihm anzufangen vermag. So soll gelten, dass eine Person nichts anderes ist als das, was ich mit ihr gemeinsam unternehmen kann, ein Baum nichts anderes als das, wozu er mir dient und so fort. Seitens des Pragmatismus wird dies in dem Satz zusammengefasst, dass „wahr" nichts anderes sei als eine Art des Guten. Das ist falsch. Mit „gut" wird nichts beschrieben und ist nichts beschreibbar. Die Politiker wissen dies vermutlich intuitiv. Für sie ist wichtig, dass ein Spiel der Täuschung funktioniert: Wer meint, „gute Politik" sage tatsächlich etwas über die Beschaffenheit der Politik aus anstatt bloß über die Politiker, ist unbemerkt Opfer der pragmatischen Nutzung des Tertium Politicum.

Die pragmatische Nutzung des Tertium Politicum mithilfe des Wortes „gut" ist ebenso alltäglich wie leicht. Wir erfahren nichts über die Inhalte einer Politik. Diese können, sobald dem „gut" zugestimmt wird, daher ausfallen, wie es den Politikern beliebt. Mit der erfolgreichen Verwendung von „gut" lässt sich alles, selbst das Unverkäufliche, verkaufen.

Anders verhält es sich, sobald das Tertium Politicum mit Rechten und Rechtsgarantien verbunden wird. Sobald dies geschieht, erweist sich diese Art mit dem Tertium Politicum umzugehen rasch als Ort der Gleichheit. Der pragmatische Weg ist überhaupt nicht an Gleichheit gebunden, der Weg der Rechte durchaus. Um abzukürzen, sei bemerkt, dass der Weg der Rechte stets eine Minimalbedingung erfüllen muss: Niemand darf von Rechten und dem Recht, Rechte zu haben, ausgeschlossen werden. Dies beschreibt bereits eine *Gleichheit* aller. Wenn alle insofern als gleich zu behandeln sind, als sie Rechte haben (einschließlich des Rechts, Rechte zu haben), dann lasse sich auch eine andere Bedingung formulieren, nämlich eine Maximalbedingung. Beide Bedingungen sind uns allen vertraut. Die Maximalbedingung besagt: Alle Betroffenen müssen sich für sich und gemeinsam erfolgreich entfalten können. Dies heißt *Gerechtigkeit*. Gerechtigkeit bezeichnet demnach das Maximum der Füllung des Tertium Politicum durch Rechte und Rechtsgarantien.

Was soziale Gleichheit meint und was sie nicht meint

Soweit ersichtlich, ist dieser Ort der Gleichheit unstrittig, sofern man nicht davon ausgeht, dass bestimmte Menschen infolge bestimmter natürlicher Gegebenheiten davon auszuschließen sind, Rechte zu haben. Doch wir wissen, dass überall dort, wo ein Ausschluss von Rechten gefordert wird, die Kriterien fehlen, wonach jemand keine oder weniger Rechte besitzen soll.

Gleichheit wird strittig, sobald über die Rechtsgleichheit hinaus noch eine soziale Gleichheit bestehen soll. Wie erklärt sich dieser Streit und wodurch ließe er sich beheben? Die Wurzel des Streites über die soziale Gleichheit dürfte darin bestehen, dass man soziale Gleichheit als soziale Identität versteht, die bewirkt, dass alle ununterscheidbar und austauschbar sind. Alle, hieße das, müssen identisch, ununterscheidbar und austauschbar untereinander sein. Diese Forderung scheitert nicht erst an der Verschiedenheit von Begabungen. Sie scheitert bereits an der Verschiedenheit der Geschlechter und an der verschiedenen Körpergröße der Menschen. Es ist daher absurd, dass gelten soll: Soziale Gleichheit = soziale Identität. Ebenso absurd und gefährlich ist daher auch jene Rede, die *Zugehörigkeit* mit *Identifikation* verwechselt. Man solle sich, so heißt es oft, mit dem Unternehmen, mit der Schule, mit dem Staat „identifizieren" können. Man sollte lieber nicht. Demokratien schließen Zugehörigkeit ein, Diktaturen verlangen „Identifikation".

Die Antiegalitaristen halten den Egalitaristen vor, dass im Namen sozialer Gleichheit in der französischen, russischen, chinesischen und kambodschanischen Revolution Millionen umgebracht wurden. Also, folgern sie, sei die soziale Gleichheit gefährlich und letztlich mörderisch. Viele sind von diesem Argument derartig beeindruckt, dass ihnen die soziale Gleichheit nunmehr suspekt erscheint. In Wirklichkeit liegt hier eine verhältnismäßig dumme Verwechslung vor. Man verwechselt Gleichartigkeit mit Identität.

Hobbes ließ plausibel werden, inwiefern wir Menschen alle gleichartig sind. Der Vorzug einer großen Körperkraft lasse sich durch Hinterhältigkeit einzelner und durch Zusammenschluss vieler ausgleichen. Intellektuelle Verschiedenheiten beruhen auf dem Zeitaufwand zur Problemlösung. Die Zeit jedoch steht allen Menschen gleichermaßen zu Verfügung. Nun mag sich mancher einzigartig klug vorkommen. Das aber tun andere, wenn nicht alle, ebenfalls, so dass sie insofern als gleichartig gelten können.

Es gibt eine wiederzuentdeckende Fortsetzung von Hobbes. Sie lautet:

> In der Gesellschaft sind alle gleich. Es kann keine Gesellschaft anders als auf den Begriff der Gleichheit gegründet sein, keineswegs aber auf den Begriff der Freiheit. Die Gleichheit will ich in der Gesellschaft finden; die Freiheit, nämlich die sittliche, dass ich mich subordinieren mag, bringe ich mit.

Diese einzigartige Bemerkung über die mitgebrachte Freiheit in eine durch Gleichheit (im Sinne von Gleichartigkeit) konstituierte Gesellschaft sollte zu denken geben. Die Zeiten, dass dieser Text Thema von Abituraufsätzen war, sind vorbei. An Zeiten, uns dieser Bemerkung gesellschaftlich zu nähern, sollten wir arbeiten. Der Text findet sich als Nummer 935 von Goethes „Maximen und Reflexionen".

Wir Menschen sind gleich im Sinne von Gleichartigkeit. Was von mir gilt, gilt von anderen gleichfalls. Daher sagen wir beispielsweise auch, wenn wir uns für freundlichen Zuspruch bedanken wollen: „Danke, gleichfalls." Würde man statt „Gleichheit" eine andere Bezeichnung verwenden, dann stünde die soziale Gleichheit nicht im Verdacht, mit Massentötungen vereinbar zu sein. Diese andere Bezeichnung heißt GLEICHFÄLLIGKEIT. Sie ist allerdings ein Kunstwort und besitzt daher kaum Chancen, verwendet zu werden.

Die Antiegalitaristen brauchen daher Arbeitslosigkeit nicht zu fürchten. Sie können weiterhin auf jene Diktatoren verweisen, welche die Menschen zwingen wollten, unterschiedslos identisch zu sein. Sie sollten allerdings hinzufügen, dass hier eine Verwechslung vorliegt, deren Ursprung vielleicht in einer verdummenden Verleitung durch die Macht liegt. Wem Macht über Millionen gegeben ist, die wissen, was es bedeutet, Opfer von Privilegien zu sein, der mag das Gespür für eine Unterscheidung zwischen Identität und „Gleichfälligkeit" verlieren. Mit Blick auf Terror und Guillotine hat Friedrich Engels bemerkt: „La terreur, das sind größtenteils nutzlose Grausamkeiten, begangen von Leuten, die selbst Angst haben, zu ihrer Selbstberuhigung."

Was folgt politisch aus der Gleichartigkeit, der „Gleichfälligkeit" der Menschen? Es folgt, dass zwei Extreme zu vermeiden sind. Das eine Extrem wurde genannt, es ist die Behandlung der Menschen als ununterschiedene, untereinander identische Individuen. Das andere Extrem ist die ungehinderte Wucherung von Unterschieden des Eigentums.

Hinsichtlich des zweiten Extrems verdanken wir Aristoteles eine bis heute nicht widerlegte Beobachtung: Die verarmenden Teile der Bevölkerung werden unfähig zur Teilnahme am politischen Geschehen. Ihre Not hindert sie. Wohlhabende dagegen tun alles, um sich keiner einzigen gesetzlichen Regel zu unterwerfen. Wir dürfen folgern: Eine Gesellschaft, in welcher 20 oder gar 10 Prozent der Bevölkerung soviel besitzen wie 90 oder 80% des Restes, verliert das Gemeinsame, welches alle miteinander bindet. Eine Gesellschaft, der das bindende Gemeinsame abhanden kommt, wird anfällig für Störungen aller Art. Das Buch von Wilkinson und Pickett (2009) liefert dafür eine Reihe empirischer Belege. Grundsätzlicher werde ich selbst dazu in meinem Essay: Gleichheit für Fortgeschrittene. Jenseits von „Gier" und „Neid", Fink: München 2010.

Was kann getan werden, um diese soziale Desintegration zu vermeiden oder zu begrenzen? Aristoteles schlug eine möglichst breite Mitte vor. Möglichst viele sollten genug, jedoch nicht über-genug Eigentum besitzen. Rousseau setzte diesen Gedanken fort, indem er vorschlug, niemand sollte so reich sein, um andere kaufen zu können, und niemand so arm, um sich verkaufen zu müssen.

Soziale Gleichheit ist möglich: Das Bedingungslose Grundeinkommen

Wir gingen aus von einem Tertium Politicum zwischen Freiheit und Knechtschaft. Dieses Tertium Politicum bedeutet minimal rechtliche Gleichstellung aller, maximal Gerechtigkeit. Die Rechtsgleichheit ist zu ergänzen durch eine gesellschaftliche Gleichartigkeit, die sich laut Aristoteles oder Rousseau ergibt, sobald alle genug, aber nicht mehr als genug Eigentum besitzen. Es scheint, dass diese Forderung zwar sinnvoll ist, dass sie jedoch die Etablierung sozialer Ungleichheiten nicht zu verhindern vermag. Allein in Deutschland hat sich von 1995 bis 2005 das Einkommen eines Fünftels der Gesellschaft stark erhöht und eines anderen Fünftels stark verringert. Die Entwicklung folgt hierbei einer einfachen Regel. Reichtum nimmt zu, Armut ebenso. Die Reichen tun alles, um sich keiner Gesetzgebung zu unterwerfen. Sie verfügen über die Mittel, ihr Eigentum zu vermehren und das Gemeinwohl zu mindern. Colin Crouch hat den Zustand der Demokratien daher als „Post-Demokratie" beschrieben, die passender als *Lobbykratien* zu bezeichnen wären. Der Kapitalismus scheint in eine lobbykratische Form der Herrschaft übergegangen zu sein. Dabei fällt etwas durchaus Neues auf. Hatte man das Thema der sozialen Gleichheit lange Zeit gemieden, so wird nunmehr – beginnend mit einer politischen Partei, die dem Liberalismus verbunden ist – von einer „legalen Ungleichheit" gesprochen. Mit einer legalen – nicht einer „legitimen" – Ungleichheit sind wir nicht mehr weit entfernt von einem Recht auf Ungleichheit und mit diesem nicht mehr weit entfernt von einer Preisgabe der Minimalbedingung des Tertium Politicum, das heißt der Rechtsgleichheit. Das Demokratieverständnis erodiert somit bereits explizit in Richtung auf Lobbykratie, die eine kapitalistische Form von Oligarchie darstellt. Ausdruck dieser Erosion ist es ebenfalls, wenn im Parlament dieses Landes seitens der Regierung im Streit über die Bemessung der Höhe des Arbeitslosengeldes bemerkt wird, „Geld ist nicht alles." Die Berufung auf immaterielle Wertungen findet damit ihren zynischen Kontext. Gemeint wird nämlich, dass Geld für die, die davon genug und übergenug haben, in der Tat nicht alles ist. Dafür werden diejenigen, deren Geld zum Essen nicht reicht, dazu genötigt, Geld zum Zentrum ihrer Gedanken zu machen.

Das Votum für eine „legale Ungleichheit" sollte indes auch als Ausdruck eines Scheiterns gelesen werden. Die Redistribution, der Versuch des Staates, die Einkommensungleichheiten nachträglich über Besteuerung auszugleichen, führt nicht zu dem Aristoteles- und Rousseau-Ziel einer Vermeidung von Extremen der Armut und des Reichtums. Zwar ist der mit Abstand größte Etat des Bundeshaushaltes der des „Sozialen", doch es gelingt nicht, die Extrembildungen zu verringern. Man lebt weiter – wie es Pedro Antonio de Alarcón in seiner berühmten Novelle „Der Dreispitz" 1874 unnachahmlich ironisch fasste – in „einer malerischen Ungleichheit vor dem Gesetz."

Nun steht seit langem ein Konzept bereit, das einen völlig anderen Weg geht. Anstatt auf den Output von Ungleichheiten nachträglich und ausgleichend zu reagieren, gibt es soziale Gleichheit als Input ein. Dies geschähe, wenn etwa folgendes Gesetz beschlossen würde: *Jedem Einwohner ist eine keine einschränkenden Bedingungen geknüpfte Existenzsicherung zu zahlen, die ihm ohne Lohnarbeit mühelos zu leben ermöglicht und bei der es ihm selbst überlassen bleibt, ob er zusätzlich einer entlohnten Arbeit nachgeht oder nicht.* Dieses Gesetz brächte ein *Bedingungsloses Grundeinkommen,* abgekürzt BGE.

Das Falschgeld namens „Teilhabe"

Eine kleine semantische Korrektur: Oft wird behauptet, das Bedingungslose Grundeinkommen solle gesellschaftliche TEILHABE ermöglichen. Die Rede von TEILHABE ist ein Köder, hinterlistig ausgelegt von den Herrschenden. Jeder soll, so deren Absicht, mit der Vorstellung durchs Leben gehe, ihm gehöre ein Teil des Ganzen, er HABE einen Teil. Würde er ihn einfordern, so würde ihm gesagt: Nein, mein Lieber, zur Zeit können wir dir das nicht leider aushändigen, was du verlangst! Warum nicht? Die Antwort müsste lauten: Man hat (so nämlich der Brite Edmund Burke zur Zeit der Revolution 1789 ff. in Frankreich) die gesamte Gesellschaft als Aktiengesellschaft vorgestellt. Jeder zahlt ein, jeder erwirbt Anrechte – aber nach Maßgabe dessen, was er einzahlt. Da lediglich Wenige das meiste einzuzahlen vermögen, gehört ihnen das meiste. Wer jedoch kaum mehr als einen Euro einzahlt, dessen Habe wird von Null kaum verschieden sein. Das ist der Grund, weshalb man die Auszahlung nicht vornimmt. Die Vorstellung der Gesellschaft gemäß der Metapher einer Aktiengesellschaft ist inzwischen faktisch tabu. Doch sie wurde normativ nicht aufgegeben. Sie wirkt vielmehr versteckt nach in der verallgemeinerten Rede von der „Teilhabe". Es ist daher an der Zeit, Erich Mühsams Zeilen aus dem *Lumpenlied* zu zitieren:

> Wo hat der Bürger alles her:
> den Geldsack und das Schießgewehr?
> Er stiehlt es grad wie wir [die „Lumpen"].
> Bloß macht man uns das Stehlen schwer.

Der amputierte Kapitalismus

Es ist klar, der Kapitalismus, der seit langem mit immer weniger Einsatz menschlicher Arbeit immer größere Gewinne zu erzielen vermag, würde mit diesem Grundeinkommen für die ihm Dienenden aus seinem bisherigen Reich der Notwendigkeit in ein Reich der Freiheit eintreten. Die Notwendigkeit für seinen Lebensunterhalt gegen Lohn zu arbeiten, würde eingetauscht in die freie Entscheidung, für Lohn zu arbeiten oder es zu lassen. Der Kapitalismus behielte zwei seiner bisherigen Merkmale. Er bliebe *instabil* (er wäre nicht vor Krisen gefeit) und er bliebe *minoritär* (die Gewinne gehören den Unternehmern). Nicht beibehalten allerdings würde er sein drittes Merkmal: Er würde nicht mehr aus zunehmend gering bezahlter Arbeit Gewinne erzielen. Er könnte nicht mehr *parasitär* sein. Weil jeder bereits versorgt wäre, brauchte er unnötig gering bezahlte Arbeit nicht mehr anzunehmen.

Die beiden grundsätzlichen Einwände gegen das Grundeinkommen

Vielleicht ist die Einführung eines Bedingungslosen Grundeinkommens lediglich eine Frage der Zeit, vergleichbar mit der Einführung des allgemeinen Wahlrechts, das ebenfalls uralten Praktiken und Vorurteilen widersprach. Das Grundeinkommen widerspricht nämlich zweierlei Grundlagen unserer Gesellschaft, der Redistribution aufgrund vorhandener Ungleichheiten einerseits und dem Grundsatz einer Symmetrie von Recht und Pflicht andererseits. Erst nach Vorlage meiner Lohnsteuererklärung vermag der Staat mir Geld zu erstatten. Die Herstellung einer gewissen sozialen Gleichartigkeit ist eine verallgemeinerte Entschädigung für gewisse Einbußen. Sie ist der Strafe nicht unähnlich, die erst nach begangener, rechtswidriger Tat möglich ist. Die Symmetrie von Recht und Pflicht besagt, dass Ansprüche durch Leistungsbereitschaft gedeckt sein müssen. Ich habe demnach Anspruch auf Lohn nur bei Leistung.

Nun wissen wir: die Redistribution funktioniert nicht hinreichend. Trotz des Daueraufwands vieler Milliarden Euro für Soziales steigt die Armut. Frankreich erlebt im Herbst 2010 einen Fast-Generalstreik, der sich dort als Widerstand gegen die Redistributionsvorhaben der Regierung organisiert. Wir wissen ebenso, dass sich Staat und Gesellschaft an den Grundsatz der Recht-Pflicht-Symmetrie nicht halten. Jeder hat zwar die Pflicht zur Arbeit für seine Existenzsicherung, doch ein Recht auf Arbeit fehlt in unserer Verfassung. Es findet sich als Artikel 23 der Menschenrechte.

In dieser Situation kann zweierlei getan werden. *Erstens*, der Staat erhöht seine Sozialleistungen weiter und übernimmt in seine Verfassung das Menschenrecht auf Arbeit. Was dann geschehen würde, bedarf keiner besonderen Voraussage: Die bereits bestehende Hochverschuldung des Staates würde noch einmal zunehmen. Das könnte in der bestehenden globalen Krisenanfälligkeit der Wirtschaft den Staat sein Triple-A kosten und damit Währungskrisen auslösen. Das Recht auf Arbeit hätte zur Folge, dass der Staat gegen die Unternehmer dessen Einhaltung gewähren müsste. Auf diese Weise müsste der Staat in hohem Grade dirigistisch in die Freiheit der Unternehmer eingreifen. Weitere Bemerkungen erübrigen sich. Dieser Weg ist offenkundig ruinös.

Es bleibt folglich das *Zweite* übrig, nämlich die Gewährung des Bedingungslosen Grundeinkommens. Mit ihm entfallen die Sozialleistungen einschließlich der zugehörigen teuren Verwaltungsbürokratie. Mit ihm entfällt auch das Recht auf Arbeit. Der Staat hat ohnehin gegen die allgemeine Recht-Pflicht-Symmetrie verstoßen, indem er kein Recht auf Arbeit gewährt. Dieser Verstoß des Staates gegen eine Regel geschieht zu Lasten der Bevölkerung. Es ist daher an der Zeit, dass nunmehr auch ein Regelverstoß zu ihren Gunsten stattfindet.

Von der Linken und den Gewerkschaften wird das Grundeinkommen häufig abgelehnt, weil sie fürchten, selbst funktionslos zu werden und weil sie es für nicht finanzierbar halten. Beide Befürchtungen sind verständlich, aber unbegründet. Linke und Gewerkschaften verlieren nicht ihre Funktion, da es ja weiterhin Lohnarbeit geben wird. Beide fordern ein Recht auf Arbeit, ohne zu klären, wie sie dann dem Wirtschaftsdirigismus entgehen wollen, mit welchem der Staat die Unternehmen zu Einstellungen zwingen müsste. Der Einwand der Nicht-Finanzierbarkeit des Grundeinkommens sollte als Gespenst behandelt werden. Es entsteht durch die Annahme zusätzlicher Kosten, die gern an die Stelle der Ersetzung bisheriger Sozialkosten geltend gemacht werden. Auch hat die als utopisch betrachtete Finanzierbarkeit Ähnlichkeit mit dem rasch und gern verbreiteten Gerücht von hohen Steuermindereinnahmen, das derzeit von 61 Milliarden Mehreinnahmen widerlegt wird. Insgesamt gilt leider: Die politischen Parteien der industriellen Demokratien verweigern sich noch immer der Einsicht, dass ihre Kausalreihe „Wachstum führt zu Beschäftigung, und Beschäftigung führt zu mehr Verteilung", je länger es als Modell praktiziert wird, desto mehr gegen die Wand gefahren wird.

Der Test auf die politische Zurechnungsfähigkeit

Das BGE wird verschieden bewertet. Diese Bewertungen können jedoch ihrerseits getestet werden. Dann zeigt sich, dass sie von Politischer Zurechnungsfähigkeit über Eingeschränkte Politische Zurechnungsfähigkeit bis zu Politischer Unzurechnungsfähigkeit reichen.

Politische *Zurechnungsfähigkeit* bieten alle jene Positionen, welche im BGE eine gesamtgesellschaftliche Veränderung erblicken, auch wenn diese noch unklare Stellen aufweist, zum Beispiel ihre einzelstaatliche Beschränkung. Hier mag gefragt werden: Lockt der Staat mit der Gewährung des BGE nicht das Prekariat anderer Länder an, um es zu versorgen? Ich schlage als Gegenfrage vor: *Lockt ein BGE nicht andere Länder, endlich selbst den Weg sozialer Gleichfälligkeit zu gehen?*

Eingeschränkt politisch zurechnungsfähig verhalten sich dagegen alle Positionen, welche behaupten, ein BGE beraube unser Leben des Salzes des Risikos. Denn wäre ohne Risiko unser Leben nicht unerträglich fade? Dieser Einwand ist insofern plausibel, als in den Wirtschaftswissenschaften das Urteil umläuft: Je mehr Geld jemand hat, desto geringer fallen seine Anstrengungen aus, sich eine bezahlte Beschäftigung zu besorgen. Genau dies ist Grundlage der Hartz-Gesetze. Die Untersuchungen von Georg Vobruba und Sonja Fehr belegen indes empirisch, dass dies unzutreffend ist (Vgl. R. Stumberger in: Neues Deutschland 4/5/11, S. 4). Hartz IV hat nicht mehr Beschäftigung, sondern mehr Ungleichheit gebracht, von einem Unglaubwürdigkeitsbeweis des politischen Systems ganz zu schweigen, welches zur Rettung privater Banken mehr als 500 Milliarden einsetzt. BGE nimmt uns nicht das Salz des Risikos, es sei denn, man verstehe unter „Risiko" das Gewinnspiel um Macht. Über dieses urteilte der römische Epikur-Fortsetzer Lukrez, es sei ein Spiel um nichts als Nichts. (Vgl. L. Canfora, La natura del potere. Laterza: Bari 2010, 11 f.) Versteht man „Risiko" anders – die Risikogesellschaft ist indes nicht willens oder nicht fähig, „Risiko" allgemein zu bestimmen, ebenso wenig wie die Informationsgesellschaft „Information" – dann könnte gelten: Risiko meint alle selbstverursachten, nicht vollständig eliminierbaren und nicht vorab aufklärbaren Gefahren. Diese Art Risiko vermag das BGE nicht fortzunehmen. Mehr noch, das BGE besitzt am Ende eine existenzielle Funktion. Es entlässt uns in eine zukunftsoffene Lebensgestaltung, die intrinsisch riskant ist. Vielleicht impliziert es gar, dass den traditionellen Homo-Bildungen – homo politicus, homo oeconomicus, homo sociologicus – ein HOMO IPSE, ein *Selbstmensch* entgegentritt. Vielleicht ist das BGE eine Voraussetzung dafür, dass die vielfache Entfremdung des Menschen gemildert wird.

Wie steht es mit der *politischen Unzurechnungsfähigkeit* bezüglich des BGE? Dazu mag es an dieser Stelle reichen, wenn Folgendes zitiert wird:

„[Frage:] Ließe sich die soziale Schieflage durch ein bedingungsloses Grundeinkommen, wie es zum Beispiel der Unternehmer Götz Werner propagiert, beheben?

[Antwort:] Ich finde es nicht richtig, dass man den Menschen mit einem monatlichen Anspruch von 1500 Euro in die Welt entlässt. Das ist eine unglaubliche ethische Entgleisung! Die Arbeitsbedingungen sind heute andere als früher. Sogar die Frau, die nach dem Diebstahl eines Pfandbons gekündigt wurde, vermisst vor allem ihre Kunden. Ohne Arbeit bist du tot."

„Ethische Entgleisung": Wer dies ohne Begründung behauptet, bietet selbst ein Beispiel für eine Entgleisung dieser Art. „Ohne Arbeit bist du tot": Was ist größer, die damit vollzogene Verachtung der Rentner und Pensionäre oder der Zynismus, der weiß, dass das System intrinsisch menschliche Arbeit zunehmend entbehrlich macht? (Zitiert nach: Philosophie & Wirtschaft. Krise und Zukunft des Kapitalismus. In: Der Blaue Reiter. Journal für Philosophie. 30, 2011, 78, Interview mit H.-O. Henkel)

Wo bleibt die Freiheit?

Um diese Frage zu beantworten, blenden wir noch einmal zurück zum Anfang, das heißt zum Tertium Politicum des Tacitus. Es geht um ein „Weder Knechtschaft noch Freiheit." Das Tertium Politicum kann in Richtung Knechtschaft politisch genutzt werden. Dazu ist vor allem eine ständige Rhetorik der Freiheit erforderlich. Denn „Rhetorik" bedeutet laut Aristoteles die Kenntnis und Nutzung dessen, was den Adressaten jeweils glaubwürdig erscheint. Eine Politik der Knechtschaft bedarf einer kontinuierlichen Rhetorik der Freiheit. Eine Politik der Freiheit hat diese Rhetorik nicht nötig. Freiheit bringen wir – wie der oben zitierte Goethe belehrt – mit in die Gesellschaft.

Würde das Tertium Politicum in Richtung Freiheit genutzt, so benötigt es rechtliche Gleichstellung und soziale Gleichbehandlung aller, verbunden mit Ansätzen zu dem, was hier nicht ausgeführt wurde, nämlich zur Gerechtigkeit im oben beschriebenen Verständnis. Das Bedingungslose Grundeinkommen fördert soziale Gleichbehandlung und auch Gerechtigkeit, weil auf seiner Basis sich jeder und die Gesamtgesellschaft zwangloser entfalten könnte. Freiheitsorientierte Nutzung des Tertium Politicum könnte zur Freisetzung eines – um es etwas verfremdend zu bezeichnen – *élan démocratique* führen. Vermeidet man dagegen die Freiheitsorientierung, so stehen unzählige Arten verdeckter und offener Nicht-Demokratie bereit.

Es könnte zutreffen, dass der Kapitalismus sich an einer Art Scheideweg befindet. Der eine Weg weist zum élan démocratique. Er beginnt mit Schwierigkeiten, wird aber mit der Zeit leichter. Der andere Weg weist in die Nicht-Demokratie. Er setzt mit der Lösung aller Schwierigkeiten ein, um mit nichts als Schwierigkeiten zu enden.

Literatur

Aristoteles (1996) Retorica. Ed. F. Montanari e M. Dorati. Oscar Mondadori: Milano, Griechisch-Italienisch.

Aristoteles (1964) Politica. Ed. W. D. Ross. Clarendon: Oxford.

Crouch, C. (2005) Post-Democracy. Polity: Cambridge.

Hobbes, Th. (1651/1996) Leviathan. Aus dem Englischen übertragen von J. Schlösser. Mit einer Einführung herausgegeben von H. Klenner. Meiner: Hamburg.

James, W. (1907/2000) Pragmatism and Other Writings. Ed. G. Gunn. Penguin: London /New York.

Rousseau (1964) Oeuvres complètes. (Du contrat social, Ecrits politiques) Garnier/Pléiade: Paris, Bd. II.

Tacitus, P. Cornelius (1984) Historien. Lat.-Deutsch, übersetzt und hrsg. H. Vretska. Reclam: Stuttgart.

Taureck, B.H.F. (2010) Gleichheit für Fortgeschrittene. Jenseits von „Gier" und „Neid." Fink: München.

Taureck, B.H.F. (2011) Legale Ungleichheit? Ein Plädoyer für das bedingungslose Grundeinkommen. In: Philosophie & Wirtschaft. Krise und Zukunft des Kapitalismus. In: Der Blaue Reiter. Journal für Philosophie. 30, 61–65.

Wilkinson, R. und K. Pickett (2009) The Spirit Level. Why more equal societies almost always do better. Allen Lane/Pinguin: London.

(Bernhard H. F. Taureck, Dr. phil., ist Professor für Philosophie i. R. am Seminar für Philosophie der Technischen Universität Braunschweig.)

Bildnachweis

EMG, Lübeck: U1 (Porträt Erich Mühsam. Radierung von Horst Janssen), S. 1,
U4 (Abdruck aus: Gerd W. Jungblut (Hrsg.), In meiner Posaune
muß ein Sandkorn sein. Briefe 1900–1934. Vaduz: Topos 1984,
Bd. 1, S. 140)

Publikationen der Erich-Mühsam-Gesellschaft

Die EMG gibt zwei Publikationsreihen heraus: das „Mühsam-Magazin" und die „Schriften der Erich-Mühsam-Gesellschaft". Bisher sind erschienen:

Mühsam-Magazin:

Heft 1 (1989):	(vergriffen)
Heft 2 (1990):	(vergriffen)
Heft 3 (1992):	(vergriffen)
Heft 4 (1994):	Mit der unveröffentlichten Erzählung „Tante Klodt" von Erich Mühsam
Heft 5 (1997):	Mit dem Sylter Tagebuch (1891) von Erich Mühsam
Heft 6 (1998):	Mit Materialien zum Streit um die Mühsam-Rechte
Heft 7 (1999):	Mit Materialien der Tagung „Erich Mühsam und die Kunst" und der Preisverleihung 1997
Heft 8 (2000):	Mit „Im Nachthemd durchs Leben" (1914) von Reinhard Koester, Carl Georg von Maaßen und Erich Mühsam
Heft 9 (2001):	Mit Materialien zum Verhältnis Erich Mühsams zu Senna Hoy, Oskar Maria Graf und Emmy Hennings
Heft 10 (2003):	Mit Materialien zur Rettung der Lübecker Löwen-Apotheke und zur Roten Hilfe
Heft 11 (2006)	Mit Beiträgen zu Margarethe Faas-Hardegger, Johannes Nohl und Peter Hille

Schriften der Erich-Mühsam-Gesellschaft:

Heft 1 (1989):	Chris Hirte: Wege zu Erich Mühsam (vergriffen)
Heft 2 (1991):	Erich Mühsam – Revolutionär und Schriftsteller (2. Aufl. 1997)
Heft 3 (1993):	Erich Mühsam und … (der Anarchismus und Expressionismus; die „Frauenfrage"; Ludwig Thoma) (2. Aufl. 1998)
Heft 4 (1993):	Die Graswurzelwerkstatt / Erich-Mühsam-Preis 1993 (vergriffen)
Heft 5 (1994)	Der „späte" Mühsam

Heft 6 (1994):	Kurt Kreiler: Leben und Tod eines deutschen Anarchisten
Heft 7 (1995):	Anarchismus im Umkreis Erich Mühsams
Heft 8 (1995):	Musik und Politik bei Erich Mühsam und Bertolt Brecht
Heft 9 (1995):	Zenzl Mühsam: Eine Auswahl aus ihren Briefen. Herausgegeben von Uschi Otten und Chris Hirte
Heft 10 (1995):	Andreas Speck: Sich fügen heißt lügen: Die Geschichte einer totalen Kriegsdienstverweigerung / Erich-Mühsam-Preis 1995 (vergriffen)
Heft 11 (1996):	Frauen um Erich Mühsam: Zenzl Mühsam und Franziska zu Reventlow
Heft 12 (1996):	Erich Mühsam – Thomas Mann – Heinrich Mann. Berührungspunkte dreier Lübecker
Heft 13 (1997):	Birgit Möckel: Das Ende der Menschlichkeit. George Grosz' Lithographien, Aquarelle und Zeichnungen aus Anlaß der Ermordung Erich Mühsams
Heft 14 (1997):	Allein mit dem Wort: Erich Mühsam, Carl von Ossietzky, Kurt Tucholsky – Schriftstellerprozesse in der Weimarer Republik (2. Aufl. 2003)
Heft 15 (1999):	Literatur und Politik vor dem 1. Weltkrieg: Erich Mühsam und die Bohème
Heft 16 (2000):	Erich Mühsam und andere im Spannungsfeld von Pazifismus und Militarismus
Heft 17 (1999):	Dietrich Kittner: Kleine Morde – Große Morde – Deutsche Morde / Zur Verleihung des Erich-Mühsam-Preises 1999 (vergriffen)
Heft 18 (2000):	Thomas Dörr: „Mühsam und so weiter, was waren das für Namen …" – Zeitgeist und Zynismus im nationalistisch-antisemitischen Werk des Graphikers A. Paul Weber (2. Aufl. 2011)
Heft 19 (2000):	Anarchismus und Psychoanalyse zu Beginn des 20. Jahrhunderts – Der Kreis um Erich Mühsam und Otto Gross
Heft 20 (2002):	„Bücher kann man nicht umbringen" – Zur Verleihung des Erich-Mühsam-Preises 2001 an Mumia Abu-Jamal
Heft 21 (2002):	Erich Mühsam und das Judentum

Heft 22 (2003):	Das Tagebuch im 20. Jahrhundert – Erich Mühsam und andere
Heft 23 (2004):	Ausstellung zum 125. Geburtstag Erich Mühsams – Festschrift mit Preisverleihung an die „junge Welt"
Heft 24 (2004):	„Sei tapfer und wachse dich aus." Gustav Landauer im Dialog mit Erich Mühsam – Briefe und Aufsätze. Herausgegeben und bearbeitet von Christoph Knüppel
Heft 25 (2004):	Die Rote Republik. Anarchie- und Aktivismuskonzepte der Schriftsteller 1918/19 und das Nachleben der Räte – Erich Mühsam, Ernst Toller, Oskar Maria Graf u. a.
Heft 26 (2005):	„Den Schwachen zum Recht verhelfen" – Erich-Mühsam-Preis 2005 an Felicia Langer
Heft 27 (2006):	Von Ascona bis Eden – Alternative Lebensformen
Heft 28 (2007):	„Eingesperrt sind meine Pläne namens der Gerechtigkeit." – Politische Haft, Folter, Todesstrafe: Erich Mühsam und andere
Heft 29 (2007):	„Ferien vom Krieg" – Erich-Mühsam-Preis 2007 an das Komitee für Grundrechte und Demokratie
Heft 30 (2008):	Kunst als politische Waffe oder als Mittel der Aufklärung?
Heft 31 (2008):	Wie aktuell ist Erich Mühsam?
Heft 32 (2009):	Clément Moreau: Nacht über Deutschland. – 107 Linolschnitte aus den Jahren 1937–1938
Heft 33 (2009):	STOLPERSTEINE – Erich-Mühsam-Preis 2009 an Gunter Demnig
Heft 34 (2010):	Charlotte Landau-Mühsam: Meine Erinnerungen. Herausgegeben von Peter Guttkuhn
Heft 35 (2010):	Herrschaftsfreie Gesellschaftsmodelle in Geschichte und Gegenwart und ihre Perspektiven für die Zukunft
Heft 36 (2011):	Sich fügen heißt lügen? Leben zwischen Gewalt und Widerstand
Heft 37 (2011):	Bedingungsloses Grundeinkommen – Existenzminimum – Kulturminimum – wozu?

Soweit die Hefte nicht vergriffen sind, können sie bei der EMG oder im Buchhandel erworben werden.

Stand: 01/2012

Erich-Mühsam-Gesellschaft e. V., Lübeck

1. Buddenbrookhaus, Mengstr. 4, 23552 Lübeck
2. Sabine Kruse, Charlottenstr. 23, 23560 Lübeck

www.erich-muehsam-gesellschaft.de
www.buddenbrookhaus.de
eMail: info@buddenbrookhaus.de

Längst überfällig war sie. Seit dem 111. Geburtstag am 6.4.1989 existiert sie und soll mit **Ihrer** Unterstützung lebendige Arbeit leisten.

Aufgabe der Erich-Mühsam-Gesellschaft ist es, das Andenken des Schriftstellers zu erhalten, in seinem Geist die fortschrittliche, friedensfördernde und für soziale Gerechtigkeit eintretende Literatur zu pflegen und seine Absage an jede Unterdrückung, Gewalt und Diskriminierung von Minderheiten für die Gegenwart zu nutzen.
Unsere Pläne:

- Aufbau eines Archivs in Lübeck
- Schaffung eines Erich-Mühsam-Museums in Lübeck
- Lesungen und Inszenierungen
- Vorträge und Seminare
- Förderung der wissenschaftlichen Forschung
- Herausgabe weiterer Hefte der Schriftenreihe und des Magazins
- Vergabe eines Erich-Mühsam-Preises

Ein früherer Lübecker Bürgermeister hat – bezogen auf Thomas und Heinrich Mann sowie Erich Mühsam – gesagt: „Dass die auch gerade alle aus Lübeck sein müssen – was sollen die Leute im Reich von uns denken!" Nun – die Brüder Mann mussten emigrieren, Mühsam wurde auf grausame Weise 1934 im KZ Oranienburg ermordet. Das „Reich" ging kaputt …

Der Schriftsteller, Dramatiker, Bänkelsänger, Lyriker, Zeichner, Essayist, antimilitaristische Agitator und Journalist Erich Mühsam gehört zu den bedeutendsten und vielseitigsten kritischen Talenten Deutschlands im frühen 20. Jahrhundert. Es gilt, diesen wichtigen Sohn Lübecks, der für Frieden und Freiheit kämpfte, in das Bewusstsein der Öffentlichkeit zu bringen.

Die Erich-Mühsam-Gesellschaft e. V. ist vom Finanzamt Lübeck nach § 5, Abs. 1 Nr. 9 KstG mit Steuernummer 22 290 77 166 541-HL als gemeinnützig anerkannt.